화엄경약찬게 풀이

김현준 지음

효림

화엄경약찬게 풀이

초 판 1쇄 펴낸날 2020년 6월 17일
　　　 4쇄 펴낸날 2024년 11월 27일

지은이 김현준
펴낸이 김연지
펴낸곳 효림출판사
등록일 1992년 1월 13일 (제2-1305호)
주 소 서울시 서초구 반포대로14길 30, 907호 (서초동, 센츄리Ⅰ)
전 화 02-582-6612, 587-6612
팩 스 02-586-9078
이메일 hyorim@nate.com

값 8,000원

ⓒ효림출판사 2020
ISBN 979-11-87508-47-2 03220

서 문

『화엄경』은 불교 최고의 경전입니다. 부처님께서 대오大
悟를 하신 다음, 그 깨달음의 경지와 함께 깨달음의 진리
를 설하는 법회의 모습을 그대로 묘사한 경전입니다.
　이『화엄경』의 현존하는 한문본은 60권본·80권본·40
권본의 3종이 있습니다.

　①60권본『화엄경』은 420년경 불타발타라佛馱跋陀羅가
　　번역. 7처處 8회會 34품品으로 구성되어 있음.
　②80권본『화엄경』은 699년에 실차난타實叉難陀가 번역.
　　7처 9회 39품으로 구성되어 있음.
　③40권본『화엄경』은 796년에 반야般若 삼장이 번역.
　　선재동자가 53선지식을 찾아다니며 불법을 배우는 입
　　법계품入法界品 1품만을 상세하게 설하고 있음.

　「화엄경약찬게」는 이 3종류의『화엄경』중에서 실차난
타가 번역한 80권본『화엄경』의 골수만을 골라 용수보살

께서 간략히 줄여 놓은 게송입니다. 80권본의 총 한문 글자 수는 58만 7261자인데, 이 방대한 『화엄경』 전체를 읽기는 결코 쉬운 일이 아니기에, 이 약찬게를 만든 것입니다.

『화엄경』을 756자 108행, 제목까지 합쳐서 770자 110행으로 압축시켜 놓은 이 약찬게를 읽고 공부하다 보면 『화엄경』의 내용을 차츰 파악할 수 있게 되고, 마침내는 경 전체를 한눈에 본 것과 같은 효과를 지닐 수 있게 된다고 합니다. 그래서 예부터 이 약찬게를 널리 독송하고 사경하면서 기도하고 수행하였습니다.

「화엄경약찬게」의 108행 속에는 삼신불三身佛에 대한 귀의로부터 시작하여 문수·보현·관음·미륵 등의 보살들, 이 세상을 지키는 집금강신 등 39위의 화엄신중들, 선재동자가 만난 53선지식의 이름이 모두 포함되어 있습니다. 그리고 80권본 『화엄경』 39품의 제목 하나하나를 열거하고 있습니다.

특히 선재동자가 만난 선지식 중에는 보살을 비롯하여 거사·여인·동남동녀, 밤의 신들과 지극히 포악한 사람, 창녀·이교도들까지 모두 포함되어 있습니다.

이「화엄경약찬게」를 독송하고 사경하면 크나큰 성취를 안겨준다고 하였는데, 특히 다음과 같은 원의 성취를 위해 독송하고 사경하면 매우 좋습니다.

· 흔들림 없는 믿음을 얻고 크게 향상하고자 할 때
· 중생을 성숙시키고 스스로도 해탈하기를 원할 때
· 호법신장의 도움으로 병환과 갖가지 괴로움에서 벗어 나고자 할 때
· 업장을 녹이고 현실 속의 소원들을 이루고자 할 때
· 평화로움과 복되고 안정된 삶을 원할 때
· 경제적인 풍요와 좋은 환경을 얻고자 할 때
· 대학입시·취업 등과 높은 자리로 승진되기를 바랄 때
· 신통·지혜·공덕·복덕·자비 등을 빨리 이루고자 할 때

· 몸과 말과 뜻이 늘 청정한 삶을 살고자 할 때
· 세세생생 선지식을 만나 불법을 잘 배우고자 할 때
· 법문을 잘 통달하고 참다운 법공양을 하고자 할 때
· 보살도를 잘 닦아 빨리 무상보리를 이루고자 할 때

이 밖에도 「화엄경약찬게」의 영험은 한량이 없습니다. 이 책은 월간 「법공양」에 2019년 8월부터 2020년 4월까지 9개월 동안 연재하여, 정말 많은 찬사를 받았던 글을 한데 모아 새롭게 엮은 것입니다.

부디 이 책을 통하여 약찬게 속에 깃든 뜻을 잘 살피고 『화엄경』의 가르침을 보다 가까이하여, 대화엄법계의 무량 복덕을 누릴 수 있게 되기를 두 손 모아 축원 드리면서 서문에 가름합니다.

불기 2564년 한달 늦은 부처님오신날에
김현준 합장

차 례

차 례

차 례

I
화엄경과 약찬게

1. 화엄경에 대하여

'대방광불화엄경' 속에 깃든 의미

약찬게의 정식 명칭은 '대방광불화엄경大方廣佛華嚴經
용수보살약찬게龍樹菩薩略纂偈'입니다.

이 제목 중 '대방광불화엄경'의 대방광大方廣은 '크고 방
정方正하고 넓다'는 뜻이요, 화엄華嚴은 '꽃으로 장엄되어
있다'는 뜻입니다.

무엇이 대방광이요 화엄인가? 무엇이 크게 방정하고 넓
으며, 꽃으로 장엄되어 있는가? 바로 불佛입니다. 부처님
입니다. 크고 바르고 넓은 분이 부처님이요, 그 부처님은
꽃으로 장엄되어 있다는 것입니다.

대승불교를 대표하는 두 경전은 『법화경』과 『화엄경』입
니다.

원래의 이름이 묘법연화경妙法蓮華經인 『법화경』은 묘법
妙法, 곧 진리를 표방하고 있는 경전으로, 그 법의 꽃은
연꽃입니다. 사바의 괴로움 속에 빠져 있는 중생들에게

진흙 구덩이에서 피어오른 연꽃과 같은 묘법을 베풀어, 부처의 자리로 나아가도록 하고자 설한 경전이 『법화경』입니다.

『화엄경』은 깨달음을 이루신 부처님[佛]을 표방하고 있는 경전입니다. 그 부처님은 적당히 크고 바르고 넓은 분이 아닙니다. 대방광大方廣입니다.

시간과 공간을 모두 넘어서서 한없이 크고[大] 한없이 바르고[方] 한없이 넓은[廣] 부처님입니다. 바탕이 그지없이 큰 분이요, 가장 높고 바른 깨달음을 이룬 분이요, 모든 것을 포용하는 가장 넓은 분이 부처님이라는 것을 '대방광'으로 표현하고 있습니다.

그리고 『법화경』의 꽃이 연화蓮華(연꽃)인데 비해 『화엄경』의 꽃[華]은 잡화雜華입니다.

화엄華嚴의 범어는 간다뷰하gandavyūha인데, 간다ganda는 '잡화雜華'라는 뜻이요, 뷰하vyūha는 '꾸며져 있다, 장엄되어 있다'는 뜻입니다. 곧 『화엄경』은 '잡화로써 꾸며져 있는 경전'입니다.

꽃들 속에는 민들레도 있고 무궁화도 있고, 장미도 연꽃도 국화도 있습니다. 이름을 알 수 없는 숱한 무명초들도 함께하고 있습니다. 그 무수한 꽃들 중에서, 많은 이들이 사랑하는 연꽃이나 모란이나 튤립 등의 꽃만이 소중한 꽃이 아닙니다. 민들레도 엉겅퀴도 할미꽃도 소중하고, 이름을 알 수 없는 무명초도 다 소중하다는 것을 깨우쳐주고 있는 경전이 『화엄경』입니다.

『화엄경』은 그 모든 꽃들이 모여서 고요한 가운데 크나큰 빛을 발하는 곳, 잡화들이 통일과 조화를 이루어 은은한 향기를 뿜어내는 곳이 부처님의 세계요 대우주법계임을 깨우쳐주고 있습니다.

이 세상의 모든 꽃들은 하나같이 열심히 살아가고 있습니다. 꺾어도 자라나고 뽑아도 다시 솟아납니다. 모두가 혼신의 힘을 다하여 살아갑니다.

그러나 그 어떤 꽃도 '나'를 강조하고 뽐내는 일은 없습니다. 그냥 그들 나름대로 온 힘을 기울여 생존하고 있습니다. 그리고 그 모든 생명력, 혼신의 힘을 다하는 생명력으로 가득 차 있는 곳이 이 법계입니다.

진정 소중한 것은 이것입니다. 무명초가 아름다운가, 아름답지 않은가는 문제가 되지 않습니다. 부처님·법신 法身·불성의 세계에서 볼 때는 온 힘을 다하는 풀꽃들, 불타는 생명력으로 살아가는 이름 없는 풀꽃들이 자랑스러울 뿐입니다.

우리는 잊고 사는 경우가 너무나 많습니다. 화려한 꽃도 이름 없는 꽃도 모두 소중한 꽃이라는 사실을….

실로 그러합니다. 온 힘을 다바쳐 살아가는 존재는 어느 하나 소중하지 않은 것이 없습니다. 이 모든 꽃들이 모여 '화엄華嚴'이 된 것이요, 그 꽃들에 의해 '대방광불大方廣佛'이 생겨난 것입니다.

그러므로 대방광불화엄경의 주제를 한마디로 요약하면, '온 힘을 다 바쳐서 살아가고 있는 소중한 꽃들의 모임'이라 할 수 있습니다.

혼신의 힘을 다하며 살아가고 있는 모든 꽃들은 시간과 공간을 넘어서서 언제나, 한없이 크고 바르고 넓은 부처님[大方廣佛]을 장엄하고 있습니다. 또 그 모든 꽃(중생)들에게 부처님께서는 대자비와 대지혜와 대평화의 가르침을 베풀고 있습니다.

아울러 온 힘을 기울여 스스로의 진실을 체험하고, 온 힘을 다하여 불성을 깨우치고, 온 힘을 모아 내 속에 있는 보배창고의 문을 열고자 하는 이들에게는, 부처님과 진리의 빛이 언제나 함께하고 있음을 '대방광불화엄경'은 깨우쳐주고 있습니다. 이제, 이를 쉽게 이해할 수 있게 하는 이야기 한 편을 소개합니다.

✿

석가모니불의 주치의였던 기바耆婆 선인이 의술을 공부

할 때의 일입니다.

젊은 시절 기바는 한 스승 밑에서 몸과 마음을 다 바쳐 10년 동안 의술을 익힌 다음 자신이 배운 공부가 어느 정도인지를 알기 위해 스승께 여쭈었습니다.

"스승님, 제가 스승님 밑에서 의술을 익힌 지도 벌써 10년이 되었습니다. 앞으로 얼마나 더 배워야 좋은 의사가 될 수 있을까요?"

"오, 그래. 어디 네 실력이 얼마나 쌓였는지를 알아보기로 하자. 네가 어디로 가든지 좋다. 앞으로 사흘 동안 약초가 아닌 풀들만 찾아서 가져 오도록 하여라."

기바는 사흘 동안 이 산 저 산을 돌아다니며 약초가 아닌 풀들을 찾고 또 찾았으나, 아무리 살펴보아도 약초가 되지 않을 풀은 발견할 수 없었습니다.

"스승님, 사흘 동안 산천을 돌아다녔으나, 약초 아닌 풀은 찾을 수가 없었습니다."

"그래, 되었구나. 그만하면 훌륭한 의사가 될 수 있겠다. 이제 세상으로 내려가 사람들을 치료하고 보살펴주도록 하여라."

⚹

기바선인은 사흘 동안 산천을 돌아다녔으나 약초 아닌 풀을 찾을 수 없었다고 하였습니다. 기바 선인에게는 약초 아닌 풀이 보이지 않았습니다. 모든 풀이 다 약초였습니다.

생명의 기운을 다하고 온 몸으로 살아가고 있는 풀들 모두가 약초라는 사실을 어찌 기바선인이 느끼지 못하였겠습니까? 눈이 열렸기에 모든 풀과 꽃이 다 약초로 보였던 것입니다.

그러므로 우리는 분명히 알아야 합니다. 이 대우주가 하나의 참된 진리의 세계〔一眞法界〕요, 그 속의 모든 존재들 또한 하나의 참된 생명력으로 살아가고 있음을 깨우쳐주고 있는 것이, '대방광불화엄경'이라는 제목 속에 담긴 뜻이요 『화엄경』의 대의라는 것을 꼭 기억해주시기 바랍니다.

'대방광불화엄경'만 외워도

이제 약찬게 본문으로 넘어가기 전에, 옛부터 전해 내려오는 이야기를 통하여 '대방광불화엄경을 외우는 공덕'을 함께 새겨 보고자 합니다.

❀

어떤 이가 갑자기 죽어 지옥으로 가게 되었는데, 다짜고짜 옥졸이 쇠꼬챙이 작살로 그의 몸을 찍어 기름이 펄펄 끓는 가마솥에 집어넣는 것이었습니다.

두려움과 고통에 떨던 그는 어려서 어머니가 아플 때마다 들려주던 말을 자신도 모르게 소리쳤습니다.

"대방광불화엄경!"

그런데 기적이 일어났습니다. 그가 '대방광불화엄경'을 소리침과 동시에 기름이 지글지글 끓던 가마솥이 연꽃으로 변하였습니다. 그리고 그는 물론이요, '대방광불화엄경' 소리를 들은 다른 중생들까지 모두 지옥을 벗어날 수 있었다고 합니다.

❀

장날을 맞아 특별히 살 것도 없으면서 장으로 간 사람이 있었습니다. 이것저것을 구경하고 있는데, 시장 한쪽 구석에서 어떤 스님이 아주 잘 만든 고급스러운 궤짝 하나를 앞에 놓고 큰소리로 말했습니다.

"이 궤짝을 사시오. 단돈 천 냥이오."

사람들은 호기심이 일었으나 천 냥이 없어 그냥 지나쳤는데, 이 사람은 돈도 가졌고 '도대체 저 속에 무엇이 들었길래 저리도 비싼가?' 하는 궁금증이 생겨 물었습니다.

"스님, 그 궤짝 속에 노대체 무엇이 늘었소?"

"뭐가 들었는지 물어보지 마시오. 그냥 사 가시오."

"물건을 봐야 살 것 아닙니까?"

"여기서는 열어 볼 수 없소. 집에 가지고 가서 열어 볼 사람만 사 가시오."

보통 사람은 물건을 보지 않고 살 엄두를 내지 못하는 법인데, 남다른 배짱이 있었던 이 사람은 마음이 끌렸습니다. 무엇이 들었는지는 모르나 궤짝부터가 귀중하게 생겼고, 스님도 예삿사람처럼 느껴지지 않았기 때문이었습니다.

마침내 그는 천 냥의 거금을 주고 그것을 샀습니다. 하지만 궤짝을 들고 집으로 가면서 궁금증을 가눌 수가 없었습니다.

'이 궤짝 속에 무엇이 들었을까? 황금이 들었을까? 황금이면 더 무거울 텐데…. 도대체 무엇이 들었을까?'

그러나 집에 가서 뚜껑을 열어 보아야 한다는 스님의 말씀 때문에 참고 또 참았습니다.

이제 고개를 넘어 돌아가면 집이 보이는 마루턱에 이르렀을 때, 더 이상 궁금증을 참을 수 없어 넓은 바윗돌 위에 궤짝을 올려놓고 뚜껑을 열었습니다.

열어 보니 그 안에 다시 작은 궤가 있었고, 그것을 열면 또 무엇으로 싸여 있고…. 그야말로 중중첩첩으로 싸여 있었습니다. 몇 겹을 푼 결과, 맨 마지막에는 지극히 정성스럽게 쓴 일곱 글자 '大方廣佛華嚴經(대방광불화엄경)'이 나오는 것이었습니다.

"대·방·광·불·화·엄·경!"

그는 그 일곱 글자를 한 번 크게 읽고는 그 자리에 쓰러져 버리고 말았습니다. 돈 천 냥 사기당했다는 사실에 기가 막혀 정신을 잃은 것입니다. 그런데 잠시 뒤, 어떤 노인 한 분이 나타나 절을 하며 말했습니다.

"대인께서는 5백 년 묵은 저의 숙업을 풀어주셨습니다. 이 은혜를 다 갚을 길은 없겠지만 조그마한 보답이라도 하겠습니다. 저를 따라오십시오."

그는 노인을 따라 큰 바윗돌 밑의 굴속으로 들어갔습니다. 여러 굽이를 돌아 마지막 외진 곳에 이르렀는데, 그곳에는 큰 단지가 있었습니다. 노인은 그 단지를 가리키며 말했습니다.

"저는 5백 년 전에, 평생 동안 갖은 고생을 하면서 많은 돈을 모았습니다. 그 돈을 금으로 바꾸어 남몰래 단지 속에 간직하였는데, 갑작스러운 사고로 후손들에게 알려주지도 못하고 죽었습니다.

그 금들을 잊지 못한 저는 큰 구렁이가 되어 5백 년 동안이나 금단지를 휘감고 지켜 왔습니다. 그러나 이 어두운 굴속에서의 생활이란 괴로움뿐이었고, 금에 대한 애착심 때문에 보기 싫은 몸을 벗을 수도, 괴로운 이곳을 벗어날 수도 없었습니다.

그런데 대인께서 '대방광불화엄경' 일곱 글자를 들려주시는 순간, 저는 해탈을 얻었습니다. 이제 단지 속의 금들은 대인의 것이옵니다. 바라건대 이 몸뚱이마저 치워주시면 고맙겠습니다."

노인의 이야기가 끝남과 동시에 정신이 번쩍 든 그는 혼절했을 때 본 바위 밑 굴 속으로 들어갔습니다. 과연 큰 단지가 있고 그 안에는 황금이 가득 들어 있었습니다. 큰 구렁이가 단지를 감싼 채 죽어 있었습니다. 그는 구렁이를 잘 장사지내주었고, 금단지를 얻어 거부장자가 되었다고 합니다.

♎

이 두 편의 이야기에서처럼 '대방광불화엄경'을 외우는 공덕은 참으로 큽니다. 그래서 옛 불자들은 '대방광불화엄경'을 외우기를 즐겨하였습니다.

불심이 깊은 어머니들은 집안의 아이들이 아프면 언제나 '대방광불화엄경'을 외우며 아픈 부위를 쓰다듬어주셨고, 조금이라도 좋지 않은 일이 있으면 '대방광불화엄경'을 염송하셨습니다.

그리고 넓은 들이나 산, 물이나 길을 가다가 짐승을 보았거나 뱀을 보았을 때도 그냥 지나치지 않았습니다. '대방광불화엄경'을 세 번 외운 다음 "발보리심 하라"고 축원하는 것을 잊지 않았습니다.

'발보리심 하라' 함은 '깨달음의 마음을 발하라. 부처님이 되겠다는 마음을 발하라'는 것입니다.

우리도 말이나 소, 떠돌이 개나 고양이를 보았을 때, 죽어 있는 짐승 등을 보게 되었을 때, '대방광불화엄경'을 세 번 외우면서 "발보리심 하라"고 축원하는 습관을 기르면 매우 좋습니다. '대방광불화엄경'의 위신력 속에서 동물들의 발심과 천도, 내 마음의 편안함과 굳건한 신심을 이룰 수 있게 됩니다.

그리고 일을 하다가 불안감을 느낄 때, 공연한 두려움에 휩싸일 때, 좋은 결실을 바랄 때에도 '대방광불화엄경'을 외우면 매우 좋습니다.

모름지기 '대방광불화엄경' 외우기를 주저하지 마십시오. 그 어떤 염불보다 환희심이 솟아납니다. 기쁨과 즐거움과 깨달음이 가득해집니다.

그리고 스스로에 대해서도 '일체 중생과 부처님을 잘

모시고 삼보를 잘 받들면서, 부처님 되는 길을 걷고 꼭 부처가 되리라'는 짧은 축원을 염하게 되면, 우리도 어느덧 대방광불의 길 속으로, 화엄의 길 속으로 들어서게 됨을 느낄 수 있게 됩니다.

하물며 '대방광불화엄경 용수보살약찬게'를 읽고 쓰는 공덕이야 더 이상 말할 것이 무엇이겠습니까? 부디 이 대방광불화엄경 용수보살약찬게에 마음을 모아 함께 살펴보시기를 축원 드려 봅니다.

나무 대방광불화엄경

2. 지은이와 약찬게의 구성

용수보살약찬게龍樹菩薩略纂偈

'용수보살약찬게'는 『화엄경』의 전체 내용을 '용수보살께서 간략하게 찬술한 게송'이라는 뜻입니다.

대보살인 용수龍樹는 인도 사람으로, 범어 원래 이름은 나가르주나Nāgārjuna이며, 용맹勇猛·용승龍勝으로도 번역됩니다. 부처님 열반 후 6~7백 년경(B.C. 2~3세기)에 남인도에서 태어나, 일찍이 브라흐만의 성전인 베다와 천문·지리 등의 학문을 통달하였습니다.

그는 친구 몇 사람과 함께, '공부도 마쳤으니 세상의 향락이나 실컷 누려 보자' 하고는, 몰래 왕궁을 출입하면서 궁녀들과 내통하다가 들켜, 친구 둘은 죽고 그는 간신히 도망을 쳐서 살아났습니다.

'욕락이 고통의 근본'임을 깊이 깨닫고 산으로 들어가 무리들을 교화하고 있었는데, 마침 부처님의 선법을 이은 제13조 가비마라迦毘摩羅존자가 그곳을 지나가자 용수가 물었습니다.

"스님께서는 성품을 보았고 도를 얻었습니까?"

"큰 성인이 되고자 하면서 어찌 출가하지 않는가?"

이 말끝에 크게 깨닫고 출가하여, 가비마라존자 밑에서 짧은 시간 안에 소승불교의 삼장三藏을 모두 공부하였습니다.

그러나 이에 만족을 하지 못한 용수보살은 설산 지방으로 나아가 한 노비구로부터 대승법문을 들었으며, 그의 안내로 용궁으로 들어가 『화엄경』을 가져다가 공부하였고, 남인도의 철탑에서 『금강정경』을 얻어 통달하였습니다.

이후 『대지도론』 100권과 『십주비파사론』 17권, 『중론』·『백론』·『십이문론』 등 많은 저술 활동을 하면서 승속들을 교화하였는데, 후세 사람은 그를 일러 '제2의 석가요 8종宗의 조사'라 칭하였습니다.

제2의 석가, 8종의 조사! 용수보살이 얼마나 위대하고 대단한 분인지를 일러주는 최상의 표현이라 하지 않을 수 없으며, 80권 『화엄경』을 756자로 요약한 것 또한 '대방광의 신통'이라 하지 않을 수 없습니다.

화엄경약찬게의 구성

「화엄경약찬게」는 '대방광불화엄경 용수보살약찬게'라는 제목을 제외하면 총 108구절로 이루어져 있으며, 내용별로 보면 일곱 단락으로 구성되어 있습니다.

1) 귀경송歸經頌(게송 1~4) : 깨달음의 정토인 연화장세계와 삼신불인 법신비로자나불·보신노사나불·화신석가모니불, 그리고 시방세계의 모든 성인들께 귀의하는 것으로 약찬게의 문을 열고 있습니다.

2) 설경인연력說經因緣力(게송 5~8) : 『화엄경』을 설할 수 있는 힘이 해인삼매海印三昧에서 나오고 있음을 밝히고 있습니다.

3) 운집대중雲集大衆(게송 9~38) : 1)과 2)의 8구절 다음 30구절은 『화엄경』의 법회도량에 모여든 대중들을 열거하고 있습니다.

4) 선재친견선지식善財親見善知識(게송 39~72) : 선재동자가 친견한 53선지식의 이름을 열거하고 있습니다.

5) 상시설법찬탄常時說法讚歎(게송 73~78) : 모인 대중들이 연화장세계에서 언제나 화엄법륜을 굴리고 있는 비로자나불을 찬탄하고 있습니다.

6) 설법처說法處와 품명品名(게송 79~104) :『화엄경』을 설한 장소와 80권『화엄경』39품의 이름들을 열거하고 있습니다.

7) 유통송流通頌(게송 105~108) :『화엄경』을 잘 믿고 받들면 초발심을 발한 그때 문득 정각을 이루어 비로자나불이 된다는 것으로 유통을 당부하고 있습니다.

이제 이 순서에 따라 하나씩 살펴봅시다.

3. 삼신불과 화엄법륜

연화장세계와 삼신불

1. 나무화장세계해 南無華藏世界海
   화장세계 바다 위의 연꽃 위에 앉아 계신
2. 비로자나진법신 毘盧遮那眞法身
   한결같은 참된 법신 비로자나 부처님과
3. 현재설법노사나 現在說法盧舍那
   지금 법을 설하시는 원만보신 노사나불
4. 석가모니제여래 釋迦牟尼諸如來
   천백억의 석가모니 제여래께 귀의합니다

1. 나무화장세계해 南無華藏世界海

108행의 「화엄경약찬게」는 귀경송歸經頌부터 시작되며, 그 첫 구절은 '나무화장세계해南無華藏世界海'입니다.

'나무'의 범어는 나마스Namas이며, '귀명歸命 · 귀의歸依'로 번역하는데, 곧 돌아가서 의지한다는 말입니다.

그런데 왜 그냥 의지하지 않고 '돌아가서' 의지한다고
하였을까? 그 의지처가 나의 근본인 마음자리에서 나왔
기 때문에, 다시 본래의 마음자리로 돌아가서 의지한다고
한 것입니다.

'화장세계'는 '연화장세계蓮華藏世界'의 준말로 석가모
니불의 진법신眞法身인 비로자나불의 불국토입니다.

이 세계의 밑쪽에는 11개의 풍륜風輪이 받치고 있고, 풍
륜 위에 향수해香水海라는 아주 향기로운 바다가 있는데,
이 향수해에는 ① 달고 ② 차고 ③ 부드럽고 ④ 가볍고 ⑤
맑고 ⑥ 냄새 없고 ⑦ 마실 때 목에 손상이 없고 ⑧ 마신
다음 배가 아프지 않는, 여덟 가지 공덕을 지닌 물[八功德水]로 가득 채워져 있습니다.

이 향수해 위에 하나의 큰 연꽃이 피어 있으며, 그 연꽃
속에 모든 세계와 모든 사물과 진리가 다 갈무리되어 있
다고 하여 연화'장藏'세계라 칭합니다.

'꽃 화華' '장엄할 장藏'. 꽃으로 장엄된 이 화장세계의
연꽃 속은 평평하고 깨끗할 뿐 아니라 매우 아름답다고
합니다.

20중重으로 중첩되어 있는 중앙세계를 중심으로 110개
의 세계가 있고, 다시 티끌의 수만큼 많은 세계가 그물처
럼 얽혀져 세계망世界網을 구성하고 있는데, 부처님께서는

그 가운데 계신다고 『화엄경』에서는 설하고 있습니다.

그리고 이 연화장세계가 큰 바다와 같이 끝없이 펼쳐져 있으므로, 화장세계 다음에 '바다 해海' 자를 붙여 '**화장세계해**'라 하고 있습니다.

이제 약찬게의 첫 단어인 '**나무**'는 화장세계해 다음의 삼신불三身佛에로 연결됩니다. 삼신불께 귀의한다는 뜻입니다. 삼신은 부처님의 몸[佛身]을 본질[體]과 양상[相]과 작용[用]의 세 측면으로 관찰하여 법신·보신·화신으로 나눈 것입니다.

곧 진리 그 자체를 인격화한 부처님이 **법신法身**이라면, 육바라밀六波羅蜜 등의 수행을 한 과보로 진리를 깨닫고 32상相 80종호種好의 모습을 갖춘 부처님이 **보신報身**이며, 특정한 시기와 특정한 지역에서 특정한 중생을 구제하기 위해 출현하는 부처님이 **화신化身**입니다.

누구든지 부처가 되고자 하면 진리 그 자체[體]인 법신불에 의지해야 하고, 오랜 수행을 하여 법신을 체득해 가지면 32상 80종호의 모습[相]을 갖춘 보신불을 이루며, 보신불이 된 다음 중생을 교화하여 법신의 세계로 이끌어 가는 작용을 하는[用] 부처님이 화신불입니다. 따라서 이 삼신불은 그 이름이 셋일 뿐, 결코 셋이 아닌 한 몸입니다.

중국과 일본에서는 법신·보신·화신의 삼신으로 비로자나불·아미타불·석가모니불을 모시는 경우가 많은데, 우리나라에서는 선종의 삼신설에 따라 청정법신淸淨法身 비로자나불毘盧遮那佛, 원만보신圓滿報身 노사나불盧舍那佛, 천백억화신千百億化身 석가모니불釋迦牟尼佛을 삼신으로 모시고 있으며,「화엄경약찬게」에서도 이를 따르고 있습니다.

2. 비로자나진법신　毘盧遮那眞法身

'법신'은 진리를 인격화한 불신입니다. 초기의 불교에서 부처라고 하면 35세에 도를 깨달아 80세로 열반에 든 석가모니 한 분만을 지칭하였으며, 부처를 32상 80종호라는 특별한 모습을 갖춘 존재로 부각시켰습니다.

그러나 대승불교가 일어나면서 특정인이나 특별한 상호를 갖춘 존재를 초월하여 보편적인 부처를 설정하게 되는데, 이를 천명한 최초의 경전은 『법화경』입니다.

보리수 밑에서 도를 깨닫고 부처가 된 석가모니는 일시적으로 인간의 모습을 취하여 이 세상에 출현한 것에 불과하며, 과거의 무량한 세월 전에 이미 성불을 하여 무수한 시간에 걸쳐 인간을 교화해 온 구원실성久遠實成(진실로 아득한 옛적에 성불함)의 부처였다는 것을 『법화경』에서는 설하고 있습니다.

이 구원실성의 부처를 '법신'이라고 칭하였는데, 이때의 법신은 법法, 곧 진리와 같은 뜻을 지닙니다. 동시에,

① 불교는 본래 법을 믿고 의지하는 종교이다

② 그 법이 부처의 깨달은 진리와 일체를 이룬다

③ 법이 바로 영원불멸의 법신이다

라는 사실을 천명하고 있습니다.

따라서 법을 인격화한 법신불은 일체의 중생이 모두 갖추고 있는 불성佛性(부처가 될 수 있는 불변의 성품) 또는 여래장如來藏(중생 속에 감추어져 있는 여래)으로 정의되고 있습니다.

이 불성 또는 여래장은 그 사람의 됨됨이와는 관계 없이 모든 중생이 한결같이 지니고 있으며, 줄거나 늘어나는 일이 없고, 시작과 끝이 없는 영원한 것입니다.

원효대사께서는 『대승기신론소』에서 법신을 여래장이라 정의하고, 법신 그 자체에 다음과 같은 지복至福한 덕성이 다 갖추어져 있는 것임을 강조하셨습니다.

① 크나큰 지혜요 광명이다〔大智慧光明〕

② 세상의 모든 것을 남김없이 비춘다〔遍照法界〕

③ 참되게 아는 힘을 간직하고 있다(眞實識知)
④ 영원하고 행복하고 자유롭고 깨끗하다(常樂我淨)
⑤ 맑고 변함없고 자재하다(淸涼不變自在)

이와 같은 덕성을 갖춘 것이 법신인데, 그 법신여래가 중생 속에 감추어져 있다고 하여 '여래장'이라 한 것입니다. 따라서 중생을 떠나서는 결코 법신을 찾을 수 없고, 중생의 마음을 통해서만 증득할 수 있는 것이 법신이라고 하셨습니다.

『화엄경』의 법신불은 '비로자나불Vairocana Buddha(바이로차나 붓다)'로, 범어 '바이로차나'는 광명변조光明遍照·변일체처遍一切處로 번역됩니다. '광명으로 모든 곳을 두루 비추는 부처님'이라는 뜻입니다.

과연 비로자나불의 광명은 어떠한 것인가? 이 광명은 그다지 화려하지 않습니다. 오히려 큰 고요가 깃든 광명이요, 그 고요한 빛으로 모든 것을 감싸고 모든 것을 키우는 진리의 광명입니다.

이 진리의 광명이 가득한 곳은 어디인가? 연화장세계입니다. 그 세계의 주인공은 누구인가? 비로자나부처님입니다.

그럼 진리는 어디에 숨겨져 있는가? 그 진리의 빛은 어느 곳을 비추고 있는가?

부처님께서는 항상 강조하셨습니다. 그 진리는 어디에나 어느 때에나 있는 것이며, 진리의 빛은 시공간을 초월하여 언제나 발현된다는 것을! 다만 중생의 번뇌와 어리석음이 앞을 가려 진리를 올바로 볼 수 없게 되었다고 하셨습니다. 이것을 깨우쳐주는 것이 '비로자나진법신'이라는 구절입니다.

비로자나불은 참된 법신이요, 연화장세계와 삼천대천세계의 교주요, 우주 전체를 총괄하는 부처님으로, 언제나 우리 곁에 계시면서 진리의 광명으로 깨우침을 주고 있다는 것을 꼭 기억하시기 바랍니다.

3. 현재설법노사나   現在說法盧舍那

'노사나'의 범어는 로자나Rocana이며, '정만淨滿(깨끗함이 가득함)'이라고 많이 번역합니다. 법신 비로자나의 맑은 지혜와 자비가 꽉 차 있다는 뜻입니다.

노사나는 주主와 객客이 아직 나누어지기 이전의 법신, 광명이 어디에나 두루한 비로자나불의 법신을 체득한 다음에 이루게 되는 보신불입니다.

곧 바라밀행을 닦아 비로자나(진리)의 덕과 지혜를 원만히 갖추게 되므로 '원만보신圓滿報身'이라 하고, 언제나 끊임없이 설법을 하고 있으므로 '현재설법노사나'라 하고 있습니다.

노사나불이 현재 설하고 있는 것은 비로자나불의 법문, 곧 진리입니다. 법을 설하여 다른 이에게 깨달음을 주는 '설법'은 꼭 말로만 하는 것이 아닙니다. 해와 달이 뜨고 지는 것, 꽃이 피고 바람이 불고 별이 반짝이는 모든 것이 비로자나불의 법문입니다.

이 비로자나불의 법문 속으로 들어가는 것은 보살행을 통해야만 가능해집니다. 보살행을 실천해야만 언어 이전이요 모양 이전의 비로자나불 법문 속으로 들어가 최고의 깨달음을 이룰 수 있고, 그 깨달음 속에서 갖가지 모습과 언어를 통하여 깨달은 경지를 표출하고 있는 불신佛身이 보신불입니다.

이 보신불을 성취하게 만드는 보살행은 보시布施·지계持戒·인욕忍辱·정진精進·선정禪定·반야般若·방편方便·원願·역力·지智의 십바라밀十波羅蜜 수행입니다. 이 수행을 통하여 스스로가 세운 근본 서원을 완성함에 따라 원만하고 이상적인 부처가 되는데, 그분이 바로 노사나불입니다.

원효스님은 『대승기신론소』에서, 세 가지에 근거하여

보신불이 성취된다고 하셨습니다.

첫째는 **본행**本行이다. 대자비심을 일으켜서 모든 중생을 이롭게 하고 참되게 하는 여러 가지 바라밀행을 실천하였기 때문이다.

둘째는 **본원**本願이다. 고통과 죄악에서 허덕이는 중생을 건져 자유롭게 하되, 영원무궁토록 그렇게 하겠다는 큰 서원을 근본 원으로 삼았기 때문이다.

셋째는 **대방편**大方便이다. 번뇌가 많은 중생을 가볍게 여기지 않고 갖가지 방편과 지혜를 발현하여 구제를 한 결과이다.

본행과 본원과 대방편!

이 셋을 갖추지 못한 구도자는 성불을 할 수도 보신불을 이룰 수도 없다고 합니다. 원은 크지만 실천이 없는 자, 실천은 하지만 상대를 위해 방편을 잘 구사하지 못한 채 자기만족에만 빠져 있는 자들은 결코 보신을 향해 나아갈 수 없습니다.

그리고 본행과 본원과 대방편을 자세히 들여다보면 하나의 공통점이 있습니다.

그것은 하나가 되고자 하는, 보다 좋은 경지로 이끌고

자 하는 크나큰 자비심입니다. 그러므로 대자비심을 버리면, 본행도 잃게 되고 본원도 잃게 되며 대방편을 이룰 수도 없게 됩니다.

하나가 되고자 하는 자비심으로 수행하는 이, 대자비심으로 구도의 길을 걷는 이라야 이 육신을 보신의 몸으로 바꿀 수 있다는 것입니다.

『화엄경』은 보리수 아래에서 도를 깨달아 보신을 성취한 석가모니께서 스스로 체득한 부처의 경지를 3·7일(21일) 동안 점검하고 증명하는 과정을 설법의 형식을 취해 만든 경전입니다.

비록 설법의 형식을 취하였으나, 『화엄경』을 설하는 기간 동안의 석가모니는 증득한 깨달음을 점검하기 위해 자수용삼매自受用三昧(어느 누구와도 함께할 수 없고 스스로만이 수용할 수 있는 삼매)에 들어가 있는 상태입니다.

따라서 이때의 석가모니는 신앙과 경배의 대상이 아니라, 법신불 비로자나불에 근거하여 깨달음의 내용을 점검하고 확인하는 단계에 있을 뿐입니다.

보살이었던 석가모니가 이제 막 깨달았으나 아직은 그 깨달음의 내용을 완전히 점검하지 못하였기 때문에, 스스로 법신을 회복해 가졌다는 확신을 가질 수 없었습니다. 그래서 석가모니는 3·7일 동안의 자수용삼매에 들어 스스로가 증득한 것을 점검하는 자내증自內證을 하였는데, 이 자내증의 내용을 언어로써 표현한 것이 『화엄경』입니다.

이렇게 석가모니께서 자내증을 하며 보신불 노사나가 되어가고 있음을 나타내기 위해, 부처님이 아니라 보관을 쓴 보살의 모습으로 묘사하고 있습니다. 설법인說法印을 취한 보살의 모습으로···. (표지 사진 참고)

이와 같은 노사나불의 모습은 화엄탱화만이 아니라, 석가모니의 일생을 8폭으로 그린 팔상도 중 제7 초전법륜도初轉法輪圖에도 그대로 나타나고 있는데, 바로 보신 노사나가 된 석가모니불이 자수용삼매 속에서 『화엄경』을 설하고 계심을 묘사한 것입니다.

4. 석가모니제여래 釋迦牟尼諸如來

여기서의 '석가모니'는 중생교화를 위해 인도 땅에 출현하신 비로자나불의 화신불입니다. 연화장세계에 있는 1천 잎의 연꽃은 1천 세계를 뜻하고, 1천 개의 연잎에는 각기 1천불이 계시며, 그 1천불이 또다시 천백억 화신을 나타내어 수많은 중생을 제도합니다. 그래서 '석가모니' 뒤에 '제여래諸如來'를 붙인 것입니다.

실로 『화엄경』의 입장에서 보면 인도국 정반왕의 아들

로 태어나신 석가모니는 천백억 화신불 중의 한 분일 뿐입니다. 왜? 아주 아득한 옛날에 성불한 석가모니가 특정한 시기에 특정한 나라에서 특정한 중생을 교화하기 위해 변화해서 나타낸 몸이므로 화신化身이라고 하는 것입니다.

곧 『화엄경』의 교주로 등장하는 비로자나불은 석가모니를 화신으로 삼고 있는데, 때와 장소와 사람에 따라 그 화신불을 나타낸다고 합니다.

그러므로 어느 누구든지, 진심으로 생각하고 깊은 믿음으로 간절히 희구하면, 비로자나불은 때를 놓치지 않고 알맞은 몸을 나타내어 설법을 하고 자비를 베풉니다.

여러 가지 몸, 여러 가지 명호, 여러 가지 삶의 방편을 나타내어 잠시도 쉬지 않고 진리를 설함으로써 우리가 살아가는 삶의 현장을 정화하고 일체 중생을 제도한다는 것입니다.

그러나 이것은 외부적인 상황만이 아닙니다. 우리 속에 있는 여래장·불성이 나의 간절한 부름에 응답하는 것이요, 나의 참된 법신(자성청정심)의 작용입니다.

온 법계에 가득 충만되어 있는 부처님! 그 부처님은 어떠한 부처님인가? 바로 일심불一心佛입니다. 만약 스스로가 갖추고 있는 불성을 깨달아 일심을 회복하기만 하면,

누구든지 시간과 장소에 구애됨이 없이 부처를 이룰 수 있고, 모든 것 속에서 부처를 볼 수 있다는 것을 깨우쳐 주고 있는 것입니다.

해인삼매로 화엄법륜을

5. 과거현재미래세　過去現在未來世
　　지난 세상 지금 세상 미래 세상 어느 때나
6. 시방일체제대성　十方一切諸大聖
　　시방세계 계시옵는 거룩하신 성인들이
7. 근본화엄전법륜　根本華嚴轉法輪
　　화엄경을 근본 삼아 법륜 두루 굴리심은
8. 해인삼매세력고　海印三昧勢力故
　　선정 지혜 함께 갖춘 화엄삼매 힘입니다

5. 과거현재미래세　過去現在未來世
6. 시방일체제대성　十方一切諸大聖

모든 것은 시간과 공간 속에서 존재합니다. '과거·현재·미래세'를 삼세三世라고 하는데, 과거는 지나간 시간이고, 미래는 오지 않은 시간이며, 현재는 지금 이 순간의 시간입니다. '**시방**'은 동·서·남·북 4방과 남동·남서·북동·북서의 4유四維(4간방), 그리고 상上과 하下를 더한 열 가지 방위로, 모든 공간을 뜻합니다.

'**일체제대성**'은 일체의 대성인들을 지칭하고 있습니다. 일반적으로 성인聖人이라 할 때는 '성스러운 뜻을 가지고 성스러운 길을 걸어가는 사람'들을 모두 포괄하지만, 대성大聖이라 할 때는 부처님과 문수보살·관세음보살 등의 대보살들만 포함됩니다. 소승의 최고 경지를 성취한 아라한들은 대성인으로 추앙하지 않습니다.

7. 근본화엄전법륜　根本華嚴轉法輪

『화엄경』은 크게 깨달은 부처님의 공덕을 찬탄하는 경전으로, 이 대우주법계가 진리에 의해 유지되고 법의 수레바퀴(法輪)에 의해 굴러간다는 것을 원칙으로 삼고 있습니다.

이를 『화엄경』에서는 이법계理法界·사법계事法界·이사무애법계理事無礙法界·사사무애법계事事無礙法界의 사법계四法界를 통하여 설명하고 있습니다.

이법계理法界는 우주만유의 근본이 되는 이치(理)로, 진리·법·마음이라고도 합니다. 이 이치는 과거·현재·미래와 시방세계 어디에서든 조금도 불어나거나 줄어드는 일이 없이 영원히 일관되게 존재하고 있습니다.

그러나 하나의 이치[理]로 관통되어 있는 우주만유의 모든 것은 어느 하나도 같은 것이 없습니다. 나뭇잎은 푸르고 꽃은 피고 새는 날고 노루는 뛰게 되어 있습니다. 그리고 나뭇잎 하나하나와 꽃들의 모습이 다 다릅니다. 이렇게 모든 것이 각기 독특한 성품과 모습과 작용을 가지고 있음을 인정하는 것이 화엄의 사법계事法界입니다. 곧 이 세상의 모든 존재에 대해 있는 그대로의 가치를 인정하는 것입니다.

이 이법계와 사법계는 서로 장애가 되지 않습니다. 도시계획이 세워지면 도로를 내고 다리를 놓고 건물을 올리듯이[事], 이치와 일이 서로 의지하여 걸림이 없으므로 이사무애법계理事無礙法界, 곧 이와 사가 걸림이 없는 법계라고 합니다.

또 땅을 다지고 도로를 내고 수도·전기 등의 기반 시설이 갖추어지게 되면 연이어서 빌딩을 세우고 살 집을 짓게 되는데, 이 모든 것이 서로 방해하거나 걸리는 것 없이 형성되므로 사사무애법계事事無礙法界라고 하는 것입니다.

이 세계는 이렇게 굴러갑니다. 우리에게는 걸리는 것이

매우 많은 듯하지만, 잡화로 장엄되어 있는 이 법계에서
는 이느 때나 법의 수레바퀴가 끝임 없이 굴러산나는 섯
을 분명히 알고 깨닫도록 하기 위해, 부처님께서는 '**근본
화엄전법륜**', 곧 '화엄을 근본 삼아 법륜을 굴린다'고 하
신 것입니다.

8. 해인삼매세력고   海印三昧勢力故

'**해인삼매**'는 사가라무드라 사마디sgaramudr samadhi
로, 사가라〔海〕는 바다이고, 무드라〔印〕는 도장이며, 사마
디〔三昧〕는 정定(선정·고요함)을 뜻합니다.

파도가 없는 고요한 바다에 일체의 사물이 도장 찍히듯
이 나타나는 것을 '해인海印'이라고 합니다. 곧 부처님 큰
깨달음의 바다〔大覺海〕인 화장세계해에 나타난 일체의 법
을 통틀어서 '해인'이라고 한 것입니다.

그런데 파도치는 바다에는 사물의 모습들이 도장 찍히
듯 있는 그대로 나타나지 않습니다. 마음의 바다에서 출
렁이는 파도가 완전히 쉬어야만 도장 찍히듯 또렷이 나
타납니다.

우리의 마음에는 항상 무명의 바람〔無明風〕 따라 번뇌의
파도가 일렁이고 있는데, 이것이 삶의 풍파風波입니다.

무명의 바람이 홀연히 생겨나서 번뇌의 파도를 일으키

면, 그 마음 바다에는 있는 그대로의 모습이 비치지 못하게 됩니다. 자연, 자기가 일으킨 번뇌에 입각해서 세상을 보게 되고, 그 때문에 '좋다 싫다, 괴롭다 즐겁다'고 하면서 살아갑니다.

있는 그대로를 보면서 인생을 평화롭게 살고자 하면, 번뇌의 파도에 알맹이가 없다는 것을 분명히 관찰하면서, 스스로가 불러일으킨 무명의 바람을 멈추어야 합니다.

마음의 바다에 바람이 멈추면 번뇌망상의 파도가 사라지고, 풍파가 사라짐과 동시에 밝은 거울에 갖가지 그림자가 나타나듯 온갖 삼라만상이 역력히 드러나게 됩니다.

이것이 무엇의 힘인가? 바로 번뇌가 없는 삼매의 힘입니다. 스스로가 닦은 삼매의 힘이 있어야 지혜의 바다에 온갖 것들이 도장을 찍어 놓은 듯이 있는 그대로 나타나게 되며, 이를 일러주기 위해 '해인삼매세력고海印三昧勢力故'라고 한 것입니다.

꼭 새겨 두십시오. 해인삼매에 들면 지혜가 생겨납니다. 나와 세상만사를 있는 그대로 볼 수 있는 지혜가 생겨납니다.

바람과 파도에 집착하지 않고 삼매를 닦아 근본을 잘 지키며 살아 보십시오. 무명풍이 쉽게 일어나지 않습니다. 번뇌망상의 파도가 거세게 일어날 수 없습니다. 그런데 어찌 삶이 풍파風波이겠습니까?

우리가 화엄의 가르침을 근본 삼아 본마음 참마음으로 살면, 이 세상의 어렵고 힘들고 이해가 되지 않는 일들이 차츰 사라지면서, 원래 둥근 달의 참모습을 깨닫게 됩니다.

달은 원래 둥근 보름달입니다. 항상 둥글고 크고 밝습니다. 그런데 우리의 눈에는 달이 초승달로 보였다가 반달로 보였다가 그믐달로 보였다가 합니다. 언제 달이 줄어들거나 잘려 나간 적이 있었습니까? 아니지 않습니까? 우리의 본마음도 항상 둥글고 크고 밝습니다.

부처님께서 화엄의 법륜을 굴리심은 원래 있는 그대로의 모습을 깨우쳐주고자 함에 있으며, 있는 그대로를 보고자 하면 해인삼매의 힘을 이루어야 하기 때문에, '**해인삼매세력고**'라고 한 것입니다.

아, 이제 어떻게 해야 할까요?

연화장세계의 비로자나·노사나·석가제여래의 삼신불께 귀의하면서, 일심 속의 삼신불을 돌아보면서, 어디에서나 어느 때에나 『화엄경』을 근본 삼아 해인삼매의 힘을 길러 보지 않으시렵니까?

나무대방광불화엄경

II
화엄경의 운집대중

화엄경의 운집대중은 게송 9~38까지의 30구절로 구성되어 있는데, 이 30구절은 화엄경의 법회도량에 모여든 대중들을 열거하고 있습니다. 이를 세분하면

① 제9구절은 보현보살을 우두머리로 한 보살대중들

② 제10~29구절은 39위位 화엄신중을 열거하고 있으며

③ 제30~33구절은 『화엄경』 7처處9회會의 법회를 주관하는 보살의 명칭을,

④ 제34~38구절은 선재동자가 53선지식을 친견하기 직전의 「입법계품」 첫 법회에 모여든 비구·재가신도·동남동녀 등의 대중들을 묘사하고 있습니다.

이 순서에 준하여 살펴보겠습니다.

1. 보현보살과 39위신중

보현보살과 보살대중

9. 보현보살제대중 普賢菩薩諸大衆
보현보살 위시로 한 여러 보살 대중들과

보현보살普賢菩薩은 부처가 되기 위한 '수행과 원〔行願〕'의 광대함을 상징하는 분으로, 부처님의 반야般若 지혜를 상징하는 문수보살과 짝을 이루어 등장하는 경우가 많습니다. 부처님의 대표적인 두 힘인 반야와 행원력을 이들 두 보살이 지니고 있기 때문입니다.

반야의 지혜는 부처를 있게끔 하는 근거가 되고, 행원은 부처의 경지로 나아갈 수 있게 하는 마음가짐과 실천입니다. 따라서 이 반야의 지혜를 의지하고 행원을 실천하여야 부처님의 대각大覺을 이룰 수 있게 됩니다.

이러한 까닭으로 두 보살은 늘 함께 등장하고, 석가모니불과 비로자나불의 좌우에서 늘 부처님을 보좌하는 것으로 묘사되고 있습니다.

그런데 『화엄경』의 최초 운집내중 속에는 문수보살 없이 보현보살만이 등장하고 있습니다. 왜 보현보살만 등장한 것일까?

그 까닭을 경전에서는 밝히지 않고 있습니다. 다만 『화엄경』이 반야의 지혜보다는 수행과 원을 더 강조하는 경전이기 때문에 보현보살을 참여대중의 우두머리로 두고 있는 것이 아닐까 추측해 볼 뿐입니다. 관심 있는 분들의 연구를 기대해 봅니다.

80권 『화엄경』의 첫머리에는 이 보현普賢보살을 포함한 보덕普德·보광普光·보보普寶·보음普音·보지普智·보계普髻·보청普淸·보명普明 등 '보普'자 돌림의 열 분 보살과, 10세계를 대표하는 해월海月·운음雲音·공덕功德·자재自在·선용善勇·운일雲日·정진精進·향염香焰·대명大明·대복大福 등의 열 분 보살과 그 권속들이 부처님을 에워싸고 있는 모습이 묘사되어 있습니다.

이들 보살은 옛적부터 비로자나불과 함께 다음과 같은 선근善根과 보살의 행을 닦은 분들입니다.

① 모든 바라밀을 원만성취하였고
② 지혜의 눈이 밝아 삼세를 평등하게 관찰하고

③ 모든 삼매를 청정하게 갖추었고

④ 변재辯才(말재주)가 바다와 같아서 끝이 없고

⑤ 부처님의 공덕을 갖추고 있어 공경할 만하고

⑥ 중생들의 근기를 잘 알아서 교화하고

⑦ 법계장法界藏의 지혜를 통달하여 차별이 없고

⑧ 큰 해탈을 증득하여 방편을 잘 구사하고

⑨ 서원의 힘으로 온갖 경지를 다 거두어들이고

⑩ 세상이 다할 때까지 중생과 함께한다

39위 화엄신중의 구성

보현보살을 비롯한 보살들 다음으로 『화엄경』에 등장하는 대중은 신神입니다. 한두 분의 신이 아니라 시방세계에 있는 모든 선신善神이 구름처럼 모여듭니다.

이 신들을 유형별로 나누면 39류類(종류)로 분류되며, 이를 다시 구분하면 공간적으로 상上·중中·하下의 3단으로 나눌 수 있습니다.

상계上界의 신은 욕색제천중欲色諸天衆으로, 욕계와 색계에 있는 12류類의 천신들이고

중계는 팔부중八部衆으로 아수라 등 8류의 신이며

하계신중下界神衆은 주로 땅에 의지하고 인간 세상과 관련이 있는 19류의 신들입니다.

이들 신중은 약찬게 10번에서 29번까지의 20구절에 열거되어 있습니다.

10. 執金剛神身衆神
　　집금강신신중신

11. 足行神衆道場神
　　족행신중도량신

12. 主城神衆主地神
　　주성신중주지신

13. 主山神衆主林神
　　주산신중주림신

14. 主藥神衆主稼神
　　주약신중주가신

15. 主河神衆主海神
　　주하신중주해신

16. 主水神衆主火神
　　주수신중주화신

17. 主風神衆主空神
　　주풍신중주공신

18. 主方神衆主夜神
　　주방신중주야신

19. 主晝神衆阿修羅
　　주주신중아수라

20. 迦樓羅王緊那羅
　　가루라왕긴나라

21. 摩羅伽夜叉王
　　마후라가야차왕

22. 諸大龍王鳩槃茶
　　제대용왕구반다

23. 乾婆王月天子
　　건달바왕월천자

24. 日天子衆忉利天
　　일천자중도리천

25. 夜摩天王兜率天
　　야마천왕도솔천

26. 化樂天王他化天
　　화락천왕타화천

27. 大梵天王光音天
　　대범천왕광음천

28. 遍淨天王廣果天
　　변정천왕광과천

29. 大自在王不可說
　　대자재왕불가설

이 호법신들은 약찬게에서는 한 구절에 두 종류의 신을 표기하고 있는데, 일곱 글자로 맞추기 위해 '중衆'·'왕王' 등의 글자를 생략하고 있습니다. 곧 하계신을 표현할 때는 뒤에 오는 신의 '중衆'자를 생략하였는데, 예를 들면

13. **주산신중주림신**은 주산신중과 주림신중을 함께 나타 낸 구절입니다.

중계신과 상계신에서는 '왕王' 자가 많이 생략되어 있습니다. 예를 들면 중계의 긴나라왕을 '긴나라'로, 상계의 도리천왕을 '도리천'으로 표기하고 있습니다.

『화엄경』 속에는 이 39위의 신이 한 분씩만 등장하는 것이 아니라, 각 신들마다 열 분씩 등장합니다.

주산신중主山神衆을 예로 들면 보봉산신寶峯山神(보배봉을 지닌 산신)·화림산신華林山神(꽃숲을 가진 산신)·고당高幢산신·이진離塵산신·광조光照산신·대력大力산신·위광威光산신·미밀微密산신·보안普眼산신·금강金剛산신 등과 같은 열 분 산신이 등장하고 있는데, 이는 39위 신들 모두가 똑같습니다.

그래서 '신'이라 하지 않고 '신중神衆'이라 하고, '화엄신'이 아니라 '화엄신중'이라 하는 것입니다.

이들 모든 신은 한 분 한 분이 다 해탈문解脫門을 얻었다고 설하였는데, 산신을 예로 들면 다음과 같습니다.

① 보봉산신은 대적정광명에 들어가는 해탈문을
② 화림산신은 중생을 성숙시키는 해탈문을
③ 고당산신은 육근을 깨끗하게 하는 해탈문을

④ 이진산신은 게으름이 없는 해탈문을 얻었고

⑤ 광소산신은 공덕의 빛으로 깨닫는 해탈문을

⑥ 대력산신은 어리석은 행을 버리게 하는 해탈문을

⑦ 위광산신은 괴로움을 없애는 해탈문을 얻었으며

⑧ 미밀산신은 여래의 공덕을 나타내는 해탈문을

⑨ 보안산신은 꿈속까지도 선근을 길러주는 해탈문을

⑩ 금강산신은 큰 이치를 나타내는 해탈문을 얻었습니다.

그리고 이들 열 분의 산신들이 깨달은 해탈법문을 7언 4구의 게송으로 엮어 10송頌씩 노래하는 체제로 엮어져 있습니다. 그러므로 산신 한 분만이 아니라 해탈을 얻은 열 분의 대표적인 산신이 동참하여 해탈법문을 설하고 있으며, 더 나아가 일체의 산신이 이 화엄법회에 동참하고 있음을 보여주고 있습니다.

전체적으로 보면 39위의 신들 모두가 제각기 이름이 다른 열 분의 신들이 그 권속대중과 함께 등장하고 있기 때문에, 그 수효를 모두 더하면 한량없이 많습니다.

과연 이렇게 경전을 구성하고 있는 까닭이 무엇일까? 나는 이렇게 구성한 까닭이 『화엄경』에서 이 법계가 중중무진법계重重無盡法界'임을 천명하기 위한 것이라 판단하고 있습니다.

하나의 촛불 주위에 10개의 거울을 놓으면 촛불이 거울에 반사됩니다. 그 촛불은 서로 다른 거울에 비치면서 어우러지게 되는데, 그때 그 무수한 촛불과 빛들이 매우 복잡한 관계를 이루면서 방해를 할 것 같지만, 서로가 걸리거나 장애를 일으키지 않습니다.

이와 같이 모든 것이 걸림 없이 융화되어 하나의 법계를 이루고 있다는 것이 중중무진법계의 이론이요 『화엄경』의 체계입니다. 곧 이 법계는 모두가 주인공이면서 서로를 살리고 보완하는 관계로 존립하고 있다는 것을 깨우쳐주고 있는 것입니다.

39위 화엄성중의 권능

이제 하계下界의 신부터 시작하여 가장 높은 하늘의 대자재천왕까지, 39위신중에 대해 간략히 소개하겠습니다.

10. 집금강신신중신 執金剛神身衆神
금강저를 가진 신과 여러 몸을 가진 신중
1)신중 가운데 처음으로 등장하는 집금강신執金剛神은

금강저를 쥐고 부처님 곁에서 호위하는 임무를 맡고 있습니다. 금강저는 모든 것을 분쇄할 수 있는 최상의 무기로, 이 신을 금강역사金剛力士 또는 인왕(仁王이라고 부릅니다. 조형적으로 표현할 때는 사찰의 금강문이나 인왕문에 이 상을 그리거나 봉안합니다.

2)신중신중身衆神衆은 몸이 여럿인 신이라는 뜻입니다. 『법구경』에는 부처님 당시에 신중신들이 기원정사를 지키고 있다는 내용이 기술되어 있습니다.

어느 날 아기를 잡아먹는 야차가 쫓아오자 여인은 아기를 데리고 기원정사로 피신하였고, 야차는 신중신 때문에 정사 안으로 들어갈 수가 없어 아기를 잡아먹지 못합니다. 그때 부처님께서 야차를 들어오게 하여 과거 전생에 얽힌 사연을 들려주시면서 여인과의 원결을 풀어주었다는 이야기입니다.

이 집금강신과 신중신은 도량 수호의 직접적인 역할을 담당하고 있습니다.

11. 족행신중도량신   足行神衆道場神
걸음 빠른 족행신중 절 지키는 도량신중
3)족행신중足行神衆은 발이 여럿인 다족多足의 신이거나 발이 아예 없는 무족無足의 신입니다. 굉장히 빨리 달리는

운행의 신으로, 언제나 부처님 가까이에 있으면서 전령 노릇을 하고 있습니다.

4)**도량신중道場神衆**은 불법승 삼보의 도량을 지키는 신으로, 항상 도량을 청정하게 장엄하는 역할을 합니다.

12. 주성신중주지신 主城神衆主地神
성 지키는 주성신중 땅 지키는 주지신중

5)**주성신중主城神衆**은 성을 지키는 신이며, 6)**주지신중主地神衆**은 땅을 지키는 신인데, 이 두 신을 형상화할 때는 여인의 모습으로 많이 표현합니다. 현재 거주하고 있는 성城을 지키는 주성신과, 땅을 지켜 일명 토지신이라고도 하는 주지신은, 인간의 삶과 밀접한 관계가 있기 때문에 일찍부터 힘 있는 신으로 존중받았습니다.

13. 주산신중주림신 主山神衆主林神
산 지키는 주산신중 숲 지키는 주림신중

7)**주산신중主山神衆**은 산을 수호하는 신으로, 사찰이 산중에 많은 것과 관련시키면 마땅히 대접을 받아야 합니다.

8)**주림신중主林神衆**은 숲을 지키는 신들입니다. 나무에 깃들어 사는 신을 목신木神이라 하고 그 목신들 중의 왕

이 바로 숲속의 나무를 관장하는 주림신입니다. 불경 중에는 『자애경』 등을 비롯하여, 이 주림신과의 인연으로 만들어진 경전이 여럿 있습니다.

14. 주약신중주가신 主藥神衆主稼神
약과 곡식 주관하는 주약신중 주가신중

9) 주약신중主藥神衆은 약을 관장할 뿐 아니라, 병든 이들을 고쳐주는 역할도 합니다.

10) 주가신중主稼神衆의 '가'는 '곡식 가稼' 자로, 곡식을 주관하는 신입니다. 이 주가신을 잘 모시면 그해에 비가 많이 올 것인지 적게 올 것인지, 농사를 지을 알맞는 곡물이 무엇이며 적당한 장소가 어디인지를 가르쳐줍니다.

15. 주하신중주해신 主河神衆主海神
강과 바다 주관하는 주하신중 주해신중

11) 주하신중主河神衆은 강을 주재하는 신들입니다. 농경국가에서 강의 중요성은 말할 필요조차 없습니다. 특히 인도에서는 갠지스강을 최고의 강으로 여기며, 갠지스강은 '신의 젖줄'이라고 하여, 이 강에서 목욕을 한 번만 하여도 업장이 소멸된다고까지 합니다.

12) 주해신중主海神衆은 바다를 주재하는 신으로, 항해

를 하거나 어업에 종사하는 이들은 이 신을 매우 잘 모십니다.

16. 주수신중주화신　主水神衆主火神
물과 불을 주관하는 주수신중 주화신중

13) 주수신중主水神衆은 앞의 주하신·주해신과 조금 구별이 되는데, 먹는 물을 관장하는 정신井神(우물신) 등이 여기에 속합니다.

14) 주화신중主火神衆은 불을 관장하는 신으로, 옛날에는 불씨를 보존하는 것을 무엇보다 중요하게 여겼습니다. 부처님 당시에도 불을 섬기는 이들이 많았는데, 부처님께 1천 명의 제자를 데리고 귀의한 가섭 삼형제는 화룡火龍을 불의 신으로 모셨던 것으로 알려져 있습니다.

17. 주풍신중주공신　主風神衆主空神
바람 허공 주관하는 주풍신중 주공신중

15) 주풍신중主風神衆은 바람을 주재하는 신으로, 중생들을 화합시켜 흩어지지 않게 하는 임무를 띠고 있습니다.

16) 주공신중主空神衆은 허공을 주재하는 신으로 중생의 마음을 부드럽고 깨끗하게 만드는 역할을 합니다.

18. 주방신중주야신　主方神衆主夜神

방위와 밤 주관하는 주방신중 주야신중

17)**주방신중**主方神衆은 모든 방위 속의 중생을 밝게 비추어줍니다.

18)**주야신중**主夜神衆은 밤을 지키는 신으로, 어두운 밤에도 정법을 잘 행하고 정법을 즐길 수 있게 이끌어줍니다.

19. 주주신중아수라　主畫神衆阿修羅

낮을 맡은 주주신중 투쟁의 신 아수라왕

19)**주주신중**主畫神衆은 낮을 지키는 신으로, 진실되게 행하고 정법으로 살아갈 수 있게 이끌어줍니다.

20)**아수라왕**阿修羅王부터 27)건달바왕까지는 중계中界의 신입니다.

한때 악신이었던 아수라왕은 불교에 귀의하여 불법을 수호하는 선신으로 바뀌었습니다. 이 아수라왕은 교만함과 방탕함을 다스리는 신입니다.

20. 가루라왕긴나라　迦樓羅王緊那羅

새들의 왕 가루라와 가무의 신 긴나라왕

21)**가루라왕**迦樓羅王은 금시조金翅鳥라고도 합니다. 가

루라는 강한 힘으로 불법을 옹호하며, 방편을 성취하여 중생들을 널리 윤택하게 합니다.

22)긴나라왕緊那羅王은 미묘한 음성으로 노래하고 춤을 추는 음악의 신으로, 중생들에게 맑은 마음을 불러일으키고 법을 좋아하게 이끕니다.

21. 마후라가야차왕 摩睺羅伽夜叉王
음악의 신 마후라가 위세가 큰 야차왕과

23)마후라가왕摩睺羅伽王은 뱀을 신격화한 신으로, 땅속에서 모든 요귀들을 쫓아내는 사명을 띠고 있으며, 중생의 의심을 없애주는 역할을 합니다.

24)야차왕夜叉王은 용맹스럽고 난폭한 신으로, 나무와 광물을 수호하고 풍요롭게 만듭니다. 입에 염주를 물고 있는 것이 특징적인 모습입니다.

22. 제대용왕구반다 諸大龍王鳩槃茶
법 지키는 제대용왕 정기 먹는 구반다왕

25)제대용왕諸大龍王은 용은 여러 종류가 있기 때문에 제대용왕이라 하였습니다. 물과 불은 물론이요 생명과 재물을 보살피는 신으로, 특히 우리나라에 들어와 매우 깊은 뿌리를 내리게 됩니다. 또한 용은 부처님과 법당을 지

키는 역할을 맡고 있습니다. 그래서 법당 안팎에 용의 그림이나 조각을 많이 두고 있는 것입니다.

26) **구반다왕**鳩槃茶王은 사람의 정기를 빨아먹는 귀신으로, 항아리 같은 모양을 하고 있습니다. 불교에 귀의한 뒤 팔부신중의 선신으로 바뀌었으며, 중생들로 하여금 법문을 걸림 없이 배우고 익히게 합니다.

23. 건달바왕월천자   乾闥婆王月天子

향기 먹는 건달바왕 달의 신인 월천자와

27) **건달바왕**乾闥婆王은 악기를 연주하는 신으로 중생들을 열심히 지켜주는데, 특히 어린아이를 잘 보호합니다.

28) **월천자**月天子부터 대자재왕까지는 **상계**上界에 속하는 신입니다.

월천자는 달의 신으로 밝고 깨끗함을 상징하며, 지혜로써 무상보리를 일으키도록 인도합니다.

24. 일천자중도리천   日天子衆忉利天

태양의 신 일천자와 도리천의 제석천왕

29) **일천자**日天子는 해의 신입니다. 청정한 선근을 성취하여 밝은 빛으로 일체 중생을 이롭게 합니다.

30) **도리천**忉利天은 33천이라고도 하는데 수미산 정상에 있으며, 그 하늘은 제석천왕이 다스리고 있습니다. 이 제석천왕은 대범천왕과 함께 불교를 위해 많은 일을 하고 있으며, 중생들로 하여금 선업을 닦게 만듭니다.

25. 야마천왕도솔천 夜摩天王兜率天
욕계삼천 야마천왕 욕계사천 도솔천왕

31) 욕계 제3천인 **야마천**은 불행에서 완전히 벗어나 행복에 도달했다는 뜻을 지니고 있으며, 이곳의 왕인 **야마천왕**夜摩天王은 중생들에게 일체의 번뇌와 때를 벗어날 수 있도록 인도합니다.

32) 욕계 제4천인 **도솔천**兜率天은 환희심이 가득하고 스스로 만족함을 아는 하늘로, 이 도솔천 내원궁內院宮에서는 다음 부처가 될 미륵보살님이 설법을 하고 계십니다.

26. 화락천왕타화천 化樂天王他化天
욕계오천 화락천왕 제육천의 자재천왕

33) 욕계 제5천인 **화락천**은 스스로를 자유롭게 변화시켜 즐거움을 누리는 하늘로, **화락천왕**化樂天王은 중생들로 하여금 탐진치 삼독을 벗어나 즐거운 삶으로 바꾸어 주는 역할을 담당합니다.

34)타화천은 욕계 제6천인 **타화자재천他化自在天**의 줄인 말로, 다른 이를 자유자재하게 변화시킬 수 있는 능력을 지닌 이들이 사는 곳입니다. 이 천왕은 중생들로 하여금 자재의 정법을 닦도록 인도합니다.

27. 대범천왕광음천 大梵天王光音天
색계초선 대범천왕 이선천의 광음천왕

35)**대범천왕大梵天王**은 색계色界 사선천四禪天 중 제1천의 천왕입니다. 제석천왕과 더불어 불법을 옹호하는 최상의 천왕으로, 불경 속에서는 자주 등장하고 있는데, 대자비를 갖추어 중생을 해탈시켜주고 중생의 뜨거운 번뇌를 맑고 부드럽게 만들어줍니다.

36)색계 제2선천인 **광음천**은 입으로 내는 광명을 말 대신 사용하는 천인들이 사는 곳으로, 희열로 가득차 있습니다. 이곳의 **광음천왕光音天王**은 빛을 통하여 기쁨에 넘치도록 중생을 이끌어줍니다.

28. 변정천왕광과천 遍淨天王廣果天
삼선천의 변정천왕 사선천의 광과천왕

37)색계 제3선천인 **변정천**은 맑고 평화로움을 느끼면서 행복이 가득한 마음으로 살아가는 세상으로, **변정천**

왕遍淨天王은 중생들 모두에게 맑은 평화로움을 베풉니다.

38)색계 제4선천 **광과천**은 작은 일을 해도 과보가 넓게 나타나는 세계로, **광과천왕**廣果天王은 마치 공기나 물과 같이 늘 중생들에게 은혜를 베풉니다.

29. 대자재왕불가설 大自在王不可說
대자재천 비롯하여 천왕천신 한량없네

39)**대자재천**大自在王은 흰 불자拂子를 들고 흰 소 위에 앉아 있는데, 한 순간에 모든 중생의 생각을 자유자재로 헤아리는 최상의 신입니다.

그리고 '**불가설**不可說'이라고 한 것은 이제까지의 39위 신중들이 각기 수많은 권속을 거느리고 있으므로 '가히 헤아릴 수 없다'는 뜻으로 한 말입니다.

왜 화엄신중을 앞에 두었는가?

80권『화엄경』제1권의「세주묘엄품」에서는 보현보살 및 그 권속보살을 열거한 데 이어 이렇게 39위의 화엄신중들을 등장시키고 있습니다.

그리고 제2~5권까지의「세주묘엄품」에서는 이들 보살과 신중들이 어떠한 능력을 지녔고 부처님을 어떻게 찬탄하고 있는지에 대한 내용이 자상하게 수록되어 있습니다. 그런데 여기에서는 39위 화엄신중에 대한 설명과 그들이 노래하는 찬탄의 게송이 보현보살 및 권속보살에 대한 설명과 게송보다 앞에 나오고 있습니다.

또 신중의 순서도 제1권에서는 하계의 신부터 시작하여 중계·상계의 신들을 차례로 열거하였는데, 제2~5권에서는 순서를 바꾸어서 최상계의 신인 자재천왕부터 시작하여 중계·하계의 신을 역으로 등장시키고, 마지막에 보살들을 등장시키고 있습니다.

묘하지 않습니까?

보통의 경전 첫머리에는 보살 다음에 비구가 나오는데, 『화엄경』에서는 보살 다음에 39위신중이 등장하고 있습니다. 또 제2~5권의 설명과 찬탄 게송에서는 39위신중이 보살보다 더 앞에 나오고 있습니다.

왜 이러한 구성을 취한 것일까요? 이에 대해서는 이제까지 어느 누구도 설명하지 않았기에 참으로 궁금하였습니다. 신중을 이토록 중시하다니?

이 글을 쓰면서 곰곰이 생각하다가, 이 『화엄경』이 부처님의 대각 후 첫 번째로 설한 경전이라는 것을 문득 떠올렸습니다.

첫 번째로 설한 경전이기에 불교 안의 보살이나 비구·재가불자 등이 아니라, 이 법계 속에 있는 모든 선신들의 증명과 귀의가 필요했기 때문이라는 것을 확신할 수 있었습니다. 마치 석가모니불이 성불을 한 그 순간처럼….

❀

석가모니께서 마왕 파순을 항복시키고 부처가 되시기 직전, 마왕 파순은 억지를 부립니다.

"당신의 성불을 증명할 이가 있는가? 증명이 될 수 없는 성불은 헛것이다."

그때 석가모니는 지신地神을 청하여 오른손가락을 땅에 대었고, 홀연히 모습을 나타낸 지신은 마왕을 크게 꾸짖으며, "이제 석가모니가 부처님이 되신다"고 증명하는 순간 부처가 되셨는데, 불상의 항마촉지인降魔觸地印은 그때의 극적인 모습을 읽을 수 있게 합니다.

『화엄경』에서 39위신중을 가장 앞에 둔 까닭도 분명 이와 상통할 것입니다.

이 세상에 있는 모든 선신들의 귀의와 찬탄! 그리고 불교의 시작!

불교의 시작을 알리고 부처님의 깨달은 세계를 묘사한 『화엄경』을 설함에 있어 무엇보다 필요하였던 것은 온누리를 다스리고 있는 선신들의 동참, 선신들의 귀의였을 것이며, 무수한 세계 속에 있는 선신들이 연화장세계의 법회장으로 와서 부처님께 귀의하고 찬탄함으로써 불교가 온 세계를 위한 종교라는 것을 뚜렷이 나타낸 것입니다.

그럼 신들과 왕들이 귀의하였다면 그 밑의 무리는 어떻게 되는 것인가? 그들의 귀의는 자연성自然成! 자동적으로 이루어질 뿐입니다.

우리는 이를 잘 알아야 합니다. 그리고 39위신중들이 어떠한 존재인지를 알고 명호를 불러야 합니다. 과연, 화엄경약찬게를 외우는 우리는 어떻게 그분들의 명호를 외우고 있는 것일까요?

그동안 무심하게 외웠던 화엄신중들.

이제 우리는 깨달아야 합니다. 이토록 대단한 신들이

『화엄경』을 통하여 우리와 함께하고 있다는 것을!

39위 화엄신중들의 부처님에 대한 귀의가 신중의 보호를 갈구하는 중생들의 마음을 얻는 것이요, 이들 신중을 통하여 보호를 받고 편안함을 얻을 수 있음을 천명하는 화엄신앙의 특징을 크게 나타내고 있음을 능히 알 수 있을 것입니다.

자, 어떻습니까? 이러한 39위 화엄신중이 우리를 지키고 있으니…. 정말 든든하지 않습니까?

나무대방광불화엄경.

2. 화엄경의 설주와 수행 52위

화엄경법회의 설주보살

30. 보현문수대보살 普賢文殊大菩薩
   화엄경의 설주이신 보현문수 대보살님
31. 법혜공덕금강당 法慧功德金剛幢
   법혜보살 비롯하여 공덕림과 금강당과
32. 금강장급금강혜 金剛藏及金剛慧
   금강장 및 금강혜가 오십이위 설했도다

  80권으로 된 『화엄경』은 7처七處(일곱 곳)에서 9회九會(아홉 번의 법회)를 열어, 보살이 부처가 되기까지의 수행 계위階位(단계·순서)인 십신十信·십주十住·십행十行·십회향十廻向·십지十地·등각等覺·묘각妙覺까지의 52위位 수행 단계의 내용을 39품三十九品(39가지 소제목)으로 엮은 경전입니다.

  부처님께서는 이 9회의 법회에서 방광放光만 하실 뿐 거의 법을 설하지 않습니다. 총 39품 중 제30 아승지품에서 5언 4구로 된 120게송을 읊은 것 외의 대부분 법문은 보살들이 설주說主(설법을 하는 주인공)로 등장합니다.

곧 80권 『화엄경』 7처 9회 39품의 법문은 부처님이 어떠한 분인지, 어떠한 깨달음을 이루셨고, 부처가 되기 위해서는 어떠한 수행의 단계를 거쳐야 하는지를 보살들이 나서서 설한 것으로, 도표화하면 다음과 같습니다.

9회	7처	39품	설주보살	법문내용
제1회	보리도량	1~6품	보현보살	부처님 찬탄
제2회	보광명전	7~12품	문수보살	십신 법문
제3회	도리천궁	13~18품	법혜보살	십주 법문
제4회	야마천궁	19~22품	공덕림보살	십행 법문
제5회	도솔천궁	23~25품	금강당보살	십회향 법문
제6회	타화자재천궁	26품	금강장보살	십지 법문
제7회	보광명전	27~37품	보현·심왕보살	등각 법문
제8회	보광명전	38품	보현보살	묘각 법문
제9회	서다원림	39품	선재구법	수행 총론

이들 7처 중 제1 보리도량과 제2·제8의 보광명전, 제9의 서다원림은 지상地上이고, 나머지 5처는 천상계天上界입니다. 따라서 9회 중 4회는 지상에서 이루어진 법문이요 5회는 천상에서 이루어진 법문입니다.

그리고 설법 장소에 따라 등장하는 설주는 보현보살·문수보살·법혜보살·공덕림보살·금강당보살·금강장보살·금강혜보살 등이며, 이상의 설주들을 나타낸 것이 「화엄경약찬게」 30~32까지의 게송입니다.

여기에서는 『화엄경』 9회의 법회에서 법문을 설하는 중심 인물인 설주들에 대해 살펴보고자 합니다.

또 한 가지, 『화엄경』에서 참으로 가르치고자 하는 것은 불자들이 점차로 닦아 나아가는 52위의 수행 단계인데, 「화엄경약찬게」 내에서 이를 설명하는 것은 이 설주들과 함께 엮는 것이 가장 적합하므로, 이 52위에 대해서도 간략하게나마 짚고 넘어가고자 합니다.

30. 보현문수대보살 普賢文殊大菩薩
화엄경의 설주이신 보현 문수 대보살님

앞의 장에서 '9. 보현보살제대중'을 설명할 때 언급하였듯이, 반야의 지혜를 상징하는 **문수보살**과 부처가 되기까지의 수행과 원(行願)을 상징화하는 **보현보살**은 언제나 석가모니불의 협시보살로 함께 등장합니다.

한 바퀴만으로는 결코 구를 수 없는 수레. 수행자에게 있어 지혜와 행원은 수레의 두 바퀴와 같은 것입니다. 따라서 모든 수행자는 이 문수의 지혜와 보현의 행원에 의

지하여야 해탈의 세계로 나아갈 수 있습니다.

문수와 보현, 이 두 분 보살은 부처님과 삼존불을 이루어 지혜와 행원이 없이는 부처를 이룰 수 없다는 것과, 지혜를 온전히 갖추고 행원을 원만하게 성취할 때 가장 자유롭고 행복한 존재가 될 수 있음을 시사하고 있습니다.

언제 어디에서나 문수보살은 중생을 향해 끊임없이 반야의 지혜를 발현시키고, 보현보살은 중생 제도를 위해 쉼없이 행원을 실천합니다. 그러면서 이들 두 보살은 서로를 돌아봅니다. 문수는 자신에게 부족한 보현의 행원을 닦고 익히고자 하며, 보현은 문수의 지혜를 배우고자 합니다.

그들은 가장 좋은 벗이 되어 항상 중생을 제도합니다. 마지막 한 중생을 제도할 그날까지 그들은 서로 배우고 서로 사모하며 시작도 끝도 없는 보살의 길을 가는 것입니다.

제1회 보리도량 법회의 설주는 전체적으로 볼 때는 **보현보살**로 되어 있습니다. 그러나 앞의 장에서 살펴보았듯이 세부적으로 보면, 39위신중과 보살들이 차례로 부처님을 찬양하는 내용으로 꾸며져 있습니다.

이 아름다운 세계가 부처님의 원력으로 이루어졌으며, 향기롭고 보배로운 구름이 무수한 공양구를 내리는 곳이 연화장세계라고 찬탄을 합니다.

이 보리도량의 설주인 보현보살은 행원을 근본으로 삼고 있기 때문에 여섯 개의 상아를 가진 하얀 코끼리를 타고 있습니다. 여섯 개의 상아는 육바라밀의 성취를 나타내고, 코끼리의 흰색은 언제나 물듦이 없이 깨끗하다는 것을 나타내고 있습니다.

제2회 보광명전 법회의 설주인 **문수보살**의 범어는 만수실리Mañjuśrī로 문수사리라 음역하며, 묘덕妙德·묘수妙首·묘길상妙吉祥 등으로 번역합니다.

청사자를 타고 있는 문수보살의 머리 위로는 오계五髻(다섯 개의 상투)가 솟아 있고, 오른손에는 칼을, 왼손에는 청련화를 들고 있는데, 청사자는 용맹스러운 지혜를, 오계는 다섯 가지 지혜〔五智〕를, 칼과 청련화 또한 예리하고 밝은 지혜를 상징화하고 있습니다.

문수보살은 제2회(7~12품) 보광명전 법회에서 『화엄경』 수행 단계인 52위 중 처음의 10단계인 **십신十信에 대한 법문**을 설하고 있습니다.

이 십신위十信位는 초발심보살이 무상정각을 이루겠다는 마음을 굳건하게 다지는 자리입니다.

처음 발심한 보살은 믿음〔信〕으로 시작합니다. 무엇을 믿으라는 것인가? 불법의 진리! 성불할 수 있도록 만드는 진리를 조금도 의심 없는 마음으로 믿고 다지라는 것입니다. 그래서 이 십신을 십심十心이라고도 합니다. 물러나지 않는 열 가지 결심을 확고히 갖추는 것입니다.

　문수보살이 설하는 십신十信, 곧 십심十心은
　① 확고한 믿음으로 불법을 성취하고자 하는 신심信心
　② 항상 부처님과 진리를 생각하는 염심念心
　③ 선업을 부지런히 닦겠다는 정진심精進心
　④ 자성의 공적함을 관하는 혜심慧心
　⑤ 헛된 것을 떠나 바른 것에 편안히 머무는 정심定心
　⑥ 성불하기 전에는 물러나지 않겠다는 불퇴심不退心
　⑦ 번뇌를 떠나 진리를 지키겠다는 호법심護法心
　⑧ 닦은 선근을 보리와 중생에게 돌리는 회향심廻向心
　⑨ 보살의 청정계를 받아서 지니는 계심戒心
　⑩ 갖가지 거룩한 원을 닦는 원심願心 등입니다.

31. 법혜공덕금강당 法慧功德金剛幢
　법혜보살 비롯하여 공덕림과 금강당과

　이와 같이 문수보살의 가르침 속에서 십신으로 확고한 신념을 정립한 초발심보살은 새로운 수행의 길로 나아갑니다. 곧 십주위十住位로 향하게 되는데, 지혜를 길러 물

러나지 않는 진리의 자리에 머물게 된다는 의미에서 주위
住位라고 합니다.

이 십주법문을 설하는 제3회 도리천궁 법회의 설주는
법혜法慧보살로, 법혜보살은 지혜로써 법의 공덕을 판단
하여 중생으로 하여금 옳고 그름을 구별할 수 있게 하는
분입니다.

법혜보살은 제3회 법회에서 일체혜보살·승혜보살·공
덕혜보살·정진혜보살·선혜보살·지혜보살·진실혜보살·
무상혜보살·견고혜보살 등의 '혜慧'자 돌림 보살들과
함께 등장하여 십주법문을 설합니다.

법혜보살이 설하는 십주十住는
① 청정한 지혜를 일으키는 발심주發心住
② 마음자리를 청정하게 다스리는 치지주治地住
③ 지혜로 실상을 관찰하는 수행주修行住
④ 부처님의 청정한 성품을 간직하는 생귀주生貴住
⑤ 중생을 위한 방편을 갖추는 구족방편주具足方便住
⑥ 지혜로 바른 마음자리에 머무는 정심주正心住
⑦ 어떤 장애에도 물러나지 않는 불퇴주不退住
⑧ 아이처럼 천진한 지혜를 갖추는 동진주童眞住
⑨ 미래에 부처가 될 자격을 갖추는 법왕자주法王子住

⑩ 지혜를 완성하리라 인정을 받는 관정주灌頂住

등의 열 가지 단계입니다.

법혜보살 다음의 **공덕功德**은 공덕림功德林보살의 약칭으로, 중생의 행복을 실현하기 위한 공덕이 무성한 숲과 같다는 뜻입니다. 공덕림보살은 제4회 야마천궁에서 십행十行법문을 설하는 설주이며, 혜림보살·승림보살·무애림보살·참괴림보살·정진림보살·영림보살·행림보살·각림보살·지림보살 등 '림林' 자 돌림 보살들과 함께 등장합니다.

십주의 수행을 통하여 공덕이 가득하여져서 자신의 문제가 해결되고 생사의 속박에서 벗어나게 되었지만, 중생을 제도하는 이타행利他行은 아직 완성되지 못한 상태입니다. 그러므로 다시 널리 중생을 요익饒益하게 하고 중생을 따라줌으로써 중생으로 하여금 환희심을 일으키게 하는 것이 십행위十行位의 법문입니다.

공덕림보살이 설하는 십행十行은

① 보시를 통하여 중생을 기쁘게 하는 환희행歡喜行

② 청정한 계율로 중생을 이롭게 하는 요익행饒益行

③ 중생을 거스르지 않는 무위역행無違逆行

④ 중생 제도의 뜻을 굽히지 않는 무굴요행無屈撓行

⑤ 어리석음과 산란을 여읜 이시란행離癡亂行

⑥ 선업을 잘 나타내어 보이는 선현행善現行

⑦ 집착하는 마음이 없는 무착행無着行

⑧ 얻기 어려운 선근을 성취하게 하는 난득행難得行

⑨ 설법을 통하여 잘 교화하고 제도하는 선법행善法行

⑩ 말한 대로 행하고 보살행을 닦는 진실행眞實行

등의 열 가지 단계입니다.

금강당金剛幢보살은 '진리의 깃발을 들고 불법을 드날리는 보살'이라는 뜻으로, 제5회 도솔천궁 법회에서 십회향十廻向 법문을 설하는 설주이며, 금강당보살·견고당보살·용맹당보살·광명당보살·지당보살·보당보살·정진당보살·이구당보살·성수당보살·법당보살 등의 '당幢'자 돌림 보살들과 함께 등장합니다.

대비심을 일으켜서 중생을 제도하여 이룩한 십행의 공덕이 이제 충만하게 되었으므로, 그 공덕을 모두 되돌려서 삼처에 회향함〔三種廻向〕을 가리킵니다.

삼처회향은 중생회향衆生廻向·보리회향菩提廻向·실제회향實際廻向입니다.

자신이 닦은 바 선근공덕을 제도해야 할 대상인 중생

에게로 되돌려서 중생을 이롭게 하는 것이 중생회향이고, 이제까지 닦은 바 선근공덕에 집착하지 않고 그것을 되돌려서 무상보리無上菩提(위없는 깨달음)를 구하는 것이 보리회향이며, 이제까지 닦은 바 모든 공덕을 참되고 한결같은 진여眞如의 자리로 되돌려서 무위적정無爲寂靜의 열반을 구하는 것이 실제회향입니다.

삼종회향의 중생·보리·실제는 보살의 목표요 대승불자가 발원해야 할 지표인데, 이 삼종회향을 보다 자세히 설한 것이 십회향입니다.

금강당보살이 설하는 십회향十廻向은

① 일체 중생을 미혹에서 벗어나게 하겠다는 구호일체중생리중생상회향救護一切衆生離衆生相廻向

② 불괴의 믿음을 얻게 하겠다는 불괴회향不壞廻向

③ 부처님처럼 회향하겠다는 등일체불회향等一切佛廻向

④ 선근 공덕을 모든 곳에 이르도록 하겠다는 지일체처회향至一切處廻向

⑤ 다함 없는 공덕장을 얻어 불국토를 장엄하겠다는 무진공덕장회향無盡功德藏廻向

⑥ 모든 확실한 선행을 잘 따르겠다는 수순일체견고선근회향隨順一切堅固善根廻向

⑦ 모든 중생에게 평등하게 수순하겠다는 수순등관일체

　중생회향隨順等觀一切衆生廻向

⑧ 진여의 마음을 이루게 하겠다는 진여상회향眞如相廻向

⑨ 결박도 집착도 없는 대자유를 얻게 해주겠다는 무박

　무착해탈회향無縛無着解脫廻向

⑩ 진리의 세계에 한없이 들어가게 하겠다는 입법계무량

　회향入法界無量廻向

등의 열 가지 단계입니다.

32. 금강장급금강혜 金剛藏及金剛慧

금강장 및 금강혜가 오십이위 설했도다

금강장金剛藏보살은 금장저를 들고 마구니들을 물리치면서 중생을 일깨우는 보살입니다. 타화자재천의 마니보장전에서 십지十地를 설하는 설주이며, 보장보살·연화장보살·덕장보살·연화덕장보살·일장보살 등 '장藏' 자 돌림 보살 수십 명과 함께 등장합니다.

금강장보살이 설하는 십지는 십회향 다음에 닦아 이르게 되는 지위로, 십지는 보살이 부처에 이르기까지 수행하는 계위 중 마지막 단계라 할 수 있습니다.

특히 이 십지 이전의 십주·십행·십회향의 30위를 삼현위三賢位라 하는 데 대해, 이 십지의 10위를 십성위十聖位

라 하여 그 지위를 격상시키고 있습니다.

'지地'로써 위명位名을 표시한 것은 보살이 이 위를 깨달아 얻으면 마치 대지大地가 만물을 생장生長시키는 것처럼, 온갖 불법이 이 위에서 발생하여 잘 자랄 수 있게 된다는 뜻을 간직하고 있습니다.

요컨대 이 십지법문은 보살이 성불하는 데 있어 마지막 관문이라고 할 수 있는 아주 차원 높고 깊고 거룩한 경지로, 부처님의 경지에 거의 가까워졌다는 점에서 더욱 중요시되고 있습니다.

금강장보살이 설하는 십지十地는 그 땅에 함께하는 모든 이들과

① 항상 기쁜 마음으로 사는 환희지歡喜地
② 때 없이 맑고 청정하게 사는 이구지離垢地
③ 밝은 지혜의 빛을 발하는 발광지發光地
④ 불꽃과 같은 지혜를 발하는 염혜지焰慧地
⑤ 참기 어려운 일을 잘 참고 이겨내는 난승지難勝地
⑥ 부처님 마음을 항상 앞에 드러내는 현전지現前地
⑦ 정진의 행이 멀리까지 미치는 원행지遠行地
⑧ 집착과 흔들림이 전혀 없는 부동지不動地
⑨ 잘 분별하여 지혜롭게 설하는 선혜지善慧地

⑩ 진리의 구름으로 세상에 청량을 주는 법운지法雲地

등의 열 가지 단계입니다.

금강혜金剛慧보살은 실상의 이치를 깨달아 모든 어리석음을 깨뜨리는 지혜를 가진 보살로, **제7회 보광명전 법회에서 등각**等覺**에 관한 법을 설할 때 동참한 무등혜보살·**의여혜보살·최승혜보살·상사혜보살 등 1백 명이 넘는 혜慧 자 돌림 보살들의 우두머리입니다.

그러나 제7회 보광명전 법회(제27~37품)의 전체 설주는 금강혜보살이 아니라 **보현보살입니다.**

곧 금강혜보살은 법회를 여는 계기를 만드는 역할만 하고, 무게 있는 제27 십정품, 제28 십통품, 제29 십인품, 제36 보현행품, 제37 여래출현품 등은 모두 보현보살이 설하고 있으며, 간략한 내용의 제30 아승지품과 제35 여래수호광명공덕품은 부처님이, 제31 여래수량품과 제32 제보살주처품은 심왕보살이, 제33 부사의법품은 연화장보살이 설하고 있기 때문입니다.

이 등각等覺의 단계는 보살들의 수행인 인행因行을 모두 닦아 이르게 되는 과위果位입니다. 수행 단계 총 52위 중 51위에 해당하며, 부처님의 깨달음과 거의 같다고 하여 **등각**等覺이라고 이름한 것입니다.

그리고 제8회 보광명전 법회에서 설한 제38 이세간품의 설주 또한 보현보살로, 불화엄삼매佛華嚴三昧에 들었다가 일어난 보현보살이 52위의 최종 단계인 묘각妙覺의 경지에 대한 법문을 설합니다.

묘각은 보살의 수행에 의해 얻게 되는 과위가 아니라, 본래 갖추고 있는 오묘한 깨달음을 묘각이라 하며, 부처님이 되어야만 완전히 회복해 가질 수 있습니다.

그리고 보현보살은 보혜보살의 200가지 질문을 받고 한 물음에 10가지씩 모두 2천 가지의 답을 하고 있습니다. 곧 십신·십주·십행·십회향·십지·등각·묘각 등 52위의 지혜를 모두 포섭하는 일체 보살행에 대해 다시 한 번 총괄적으로 설하고 있습니다.

입법계품 운집대중

33. 광염당급수미당 光焰幢及須彌幢
    광염당과 수미당이 입법계품 문을 열자
34. 대덕성문사리자 大德聲聞舍利子
    대덕성문 사리자가 문수보살 찾았으니

35. 급여비구해각등 及與比丘海覺等

　　그를 따라 해각 등의 육천여명 비구들과

36. 우바새장우바이 優婆塞長優婆夷

　　복성 사는 오백 쌍의 우바새와 우바이들

37. 선재동자동남녀 善財童子童男女

　　선재동자 위시로 한 오백동남 오백동녀

38. 기수무량불가설 其數無量不可說

　　한량없는 무리들이 문수보살 찾아왔네

33. 광염당급수미당 光焰幢及須彌幢

　　광염당과 수미당이 입법계품 문을 열자

　80권 『화엄경』의 마지막 법회는 제9 서다원림의 법회
로, 서다원림은 사위국에 있는 기수급고독원祇樹給孤獨園
의 다른 이름입니다.

　이 법회의 내용은 제39「입법계품」한 품만으로 구성
되어 있습니다. 하지만 그 분량은 80권 중 제62~80권을
차지하고 있고, 페이지수로 볼 때 전체의 28%에 해당하
는 방대한 양입니다.

　이 서다원림 법회에는 **광염당**光焰幢· **수미당**須彌幢· 보
당·이구당·일당 등 오백 명의 보살이 동참하고 있는데,
이 중 가장 처음으로 등장하는 보살인 광염당과 수미당

보살을 「화엄경약찬게」에서는 대표격의 이름으로 취한 것입니다.

광염당光焰幢보살은 부처님의 위신력을 타오르는 불꽃처럼 빛나게 하여 바르고 삿됨을 알게 하는 분이요,

수미당須彌幢보살은 수미산보다 높은 법의 깃발로 부처님의 원력을 실현하는 분입니다.

이 「입법계품」은 근본법회와 지말법회로 나눌 수 있습니다.

근본법회는 세존께서 사위국 기수급고독원 대장엄중각에서 사자분신삼매에 들어 불가사의한 변화의 세계를 보여주시는 것과 함께 시작된 법회입니다. 그 자리에 보현보살과 문수사리보살이 우두머리가 되고 보현의 행과 원을 성취한 5백의 보살과 5백의 성문과 세상을 다스리는 세주世主들이 동참하였는데, 광염당과 수미당은 이때 함께하는 보살대중의 일원입니다.

지말법회는 우리가 익히 알고 있는 선재동자의 '53선지식 친견' 법회 이야기입니다.

「입법계품」의 지말법회는 근본법회에 있던 문수사리동자가 부처님께 공양 올리고는 남쪽으로 인간세계를 향함에서부터 시작됩니다. 문수보살이 복성의 동쪽 장엄당 사라수숲에 머물며 법계를 두루 비추는 진리를 설하시자

복성 사람들이 그곳으로 모여들었는데, 그때 동참한 대중을 묘사한 것이 34~38까지의 게송입니다.

34. 대덕성문사리자 大德聲聞舍利子
대덕성문 사리자가 문수보살 찾았으니

성문聲聞은 부처님의 법문을 듣고 아라한이 되는 것을 목표로 삼아 수행하는 부처님의 제자입니다. 이 성문들의 깨달음은 무상정등각을 얻는 부처님과는 큰 차이가 있습니다. 그러므로 부처님의 지혜를 성문들은 완전히 이해하지 못한다고 합니다.

대덕성문大德聲聞은 큰 덕을 가진 성문을 가리키는데, 사리자舍利子는 성문 가운데 부처님의 가장 대표적인 제자로 손꼽히고 있습니다. 그래서 사리자의 이름을 앞세운 것입니다.

사리자, 곧 사리불舍利弗은 과거생부터 '부처님의 첫째가는 제자가 되리라'는 서원을 세우고 수많은 생애 동안 수행을 하였다고 합니다. 사리불존자에 대한 이야기는 많이 알려져 있으므로 여기에서는 생략합니다.

35. 급여비구해각등 及與比丘海覺等
그를 따라 해각 등의 육천 여명 비구들과

'급'은 '및', '여'는 '더불어'라는 뜻입니다. 따라서 "**급여 비구해각등**"이란 '사리불과 더불어 비구인 해각 등이'라고 풀이하면 됩니다.

「입법계품」에는 사리불존자가 문수보살께로 나아갈 때 6천 명의 비구가 함께하였다고 묘사되어 있습니다. 6천 비구는 이른바 해각비구·선생비구·복광비구·대동자비구·전생비구·정행비구·천덕비구·군혜비구 등인데, 그 중 **해각**비구를 대표로 든 것입니다.

36. 우바새장우바이 優婆塞長優婆夷

복성 사는 오백 쌍의 우바새와 우바이들

우바새는 남자 재가신도를, 우바이는 여자 재가신도를 지칭하며, **우바새장優婆塞長**은 우바새 장자長者의 줄인 말로, 장자는 복덕이 뛰어난 이를 가리킵니다.

이 우바새는 청신사淸信士, 우바이는 청신녀淸信女로 번역되는데, '청신淸信'은 속세에 머물면서 불교에 입문하여 삼보에 귀의하고 오계를 받아 지키며, 착한 일을 하여 세상을 맑게 한다는 뜻입니다.

이 우바새와 우바이는 비구·비구니와 함께 불교교단을 형성하는 사부대중四部大衆의 일원입니다.

문수보살께서 장엄당 사라수숲 큰 탑이 있는 곳에 왔

다는 말을 들은 복성福城 사람들은 그곳으로 몰려옵니다. 그때 찾아온 오백 명의 우바새 중에는 살 알려진 수달다·바수달다·복덕광·유명칭 등도 함께하였는데, 그중 수달다 장자가 가장 유명합니다.

수달다는 사위국의 부유한 상인으로, 자비심이 많아 불쌍한 사람들을 도왔습니다. 특히 과부와 고아 등 '외로운 사람을 잘 돕는 이'라 하여 급고독給孤獨 장자로 불렸으며, 기원정사(기수급고독원. 이 법회가 처음 열린 서다림원)를 세운 일화는 너무나 잘 알려져 있습니다.

우바이 중의 으뜸은 녹자모鹿子母입니다. 녹자모는 부처님께 절을 지어 보시하였는데, 부처님께서는 그 절의 이름을 녹자모강당鹿子母講堂이라 하였습니다. 또 녹자모는 여덟 가지 서원을 세우고 수많은 스님들께 공양을 올리고 보시하였습니다.

최고의 부자로 태어나 아름다움과 지혜를 겸비한 그녀는 부처님께 보시제일의 우바이로 인정받았습니다. 120살로 죽을 때까지 항상 열여섯 살 소녀의 모습이었다고 하는데, 그녀가 젊은이들에게 둘러싸여 사원으로 가면, 사람들이 "누가 녹자모 부인인가요?" 하며 물었다고 합니다.

37. 선재동자동남녀 善財童子童男女

　선재동자 위시로한 오백동남 오백동녀

38. 기수무량불가설 其數無量不可說

　한량없는 무리들이 문수보살 찾아왔네

　문수보살이 장엄당 사라수숲 큰 탑이 있는 곳에 왔다는 말을 듣고 모여 든 복성 사람들 중에는 **오백 동자**가 있었습니다. 이른바 「입법계품」의 주인공인 **선재동자**를 비롯하여 선행동자·선계동자·선위동자 등이 그들입니다. 또 **오백 동녀**가 있었으니 선현동녀·현칭동녀·미안동녀·선광동녀 등입니다.

　선재동자는 과거의 여러 부처님께 공양하여 많은 선근을 심고 선지식들을 가까이 모셨기 때문에, 불법을 이룰 수 있는 근기를 갖추었다고 합니다.

　또 어머니가 그를 잉태하였을 때 땅에서 칠보로 된 누각이 홀연히 솟아올랐는데, 그 속에 칠보가 가득 차 있었고, 집안에도 금은보화가 쌓이기 시작하였다고 합니다. 그래서 부모와 친척들이 좋고 훌륭하다는 뜻의 '선善'과 '재물 재財'자를 합하여 이름을 선재로 지었습니다.

　이렇듯 문수보살께서 「입법계품」 지말법회를 열기 위해 복성으로 오시자, 육천의 비구, 오백의 우바새, 오백의 우바이, 오백의 동자, 오백의 동녀 등과 헤아릴 수 없는 많은 보살 및 불법 대중이 함께 참여하였으므로, "기수무량불가설", '그 수기 무량하여 다 밀할 수 없나'고 한 것입니다.

 이렇게 하여 『화엄경』「입법계품」의 선재동자 구법 여행기가 시작됩니다. 문수보살을 뵙고 발심한 선재동자가 53선지식을 친견하는, 정말 아름답고 진지한 구법 여행기가….

III
선재동자와 53선지식

1. 선재동자가 친견한 선지식

53선지식이란

39. 선재동자선지식 善財童子善知識
선재동자 오십삼인 선지식을 친견했네

이제 선재동자는 부처가 되는 도를 구하기 위해 53선지
식을 차례차례 친견합니다.

선지식善知識은 선우善友(훌륭한 벗) 또는 승우勝友(뛰어난
벗)로 불리기도 하는데, 덕이 높은 성인으로 깨달음의 세
계로 인도하는 스승을 가리킵니다. 『화엄경』에서는 이 선
지식을 '중생으로 하여금 일체지一切智의 세계로 나아가
게 하는 문이요 수레요 배요 횃불이요 길이요 다리'라고
하였습니다.

이와 같은 선지식들을 선재동자가 찾아갑니다. 그런데
하필이면 왜 순례자가 동자인가? 비구도 있고 비구니도
있고 처사도 있고 청신녀도 있는데⋯. 도를 구함에 있어

서는 어린아이처럼 천진하고 순수한 청정심이 근본이 되기 때문에 굳이 동자를 채택한 것입니다.

선재동자는 순수하고 간절한 마음으로 53선지식을 차례로 친견하면서 받은 가르침을 닦고 익혀 차츰 높은 보살의 경지로 오르게 됩니다.

선재동자는 문수보살의 친견을 시작으로, 마지막 보현보살에 이르기까지 53선지식을 차례로 친견하여 해탈문들을 성취하게 됩니다. 그러나 실제로 선재동자가 만난 선지식 수는 54분입니다. 다만 한 곳에서 두 선지식(52.덕생동자와 53.유덕동녀)을 함께 만나기 때문에, 두 사람을 하나로 쳐서 '53선지식'이라 칭하고 있습니다.

그럼 선재동자가 친견한 53선지식은 어떠한 직업과 신분을 가진 것일까?

개괄적으로 살펴보면 보살 5(문수·관음·정취·미륵·보현보살), 비구 5(덕운·해운·선주·해당·선견비구), 비구니 1, 우바이 4, 장자 9, 거사 2, 천신 1, 여신 10, 천녀 1, 바라문 2, 선인 1, 왕 2, 선생 1, 동자 3, 동녀 2, 뱃사공 1, 외도 1, 창녀 1, 태자비 1, 부처님 어머니 1명 등으로 나누어 볼 수 있습니다.

선재동자가 이들 선지식과의 만남을 통하여 도달하게 되는 지위는 지난달에 밝힌 『화엄경』 52계위입니다. 이52

계위에 대해서는 한 선지식을 이야기할 때마다 밝혀 놓겠습니다.

이제 선재동자의 53선지식 친견 속으로 들어가 봅시다.

십신과 십주법을 깨우쳐준 선지식

40. 문수자리최제일 文殊舍利最第一
    문수보살 처음만나 십신법문 배운다음 1)
41. 덕운해운선주승 德雲海雲善住僧
    십주법문 배우고자 덕운 해운 선주비구 2) 3) 4)
42. 미가해탈여해당 彌伽解脫與海幢
    미가장자 해탈장자 해당비구 비롯하여 5) 6) 7)
43. 휴사비목구사선 休舍毘目瞿沙仙
    재가보살 휴사녀와 비목구사 선인 찾고 8) 9)
44. 승열바라자행녀 勝熱婆羅慈行女
    승열이란 바라문과 자행동녀 친견했네 10) 11)

앞에서 살펴본 「입법계품」 지말법회에서, 지혜와 자재한 말솜씨로 부처님의 법을 설하시는 1)문수보살文殊菩薩의 법문을 듣고 발심을 하게 됩니다.

선재동자는 자신의 모습이 부처님과는 너무나 다른 점을 발견하였을 뿐 아니라, 자신이 어리석고 교만하고 탐내고 성내는 마음이 많아 생사의 괴로운 성곽 속에 갇혀 있음을 깨닫습니다.

그리하여 해탈의 길을 찾겠다는 원을 세우고 문수보살께 그 길을 가르쳐주시기를 청합니다. 이에 문수보살은 법문을 설하시어, 선재동자로 하여금 앞에서(p.79) 살펴본 **십신**十信(열 가지 믿음, 곧 열 가지 마음가짐〔十心〕)을 **확고히 갖추게** 합니다.

이어 문수보살은 '지혜의 해탈문을 얻는 가장 좋은 방법은 선지식을 친견하고 공양하는 것이니 그 일에 고달픈 생각을 내지 말라'고 일러주십니다.

그리고는 남쪽으로 가서 승낙국의 묘봉산에 있는 덕운비구를 만나, '어떻게 해야 보살행을 배우고 닦아서 보현행을 원만하게 빨리 성취할 수 있는지'를 묻도록 가르쳐주십니다. 이에 선재동자는 문수보살의 가르침을 따라 선지식을 찾아가는 긴 여행을 시작합니다.

선재동자는 이들 열 분 선지식을 친견하여 **십주**十住**법문**을 증득하는데, 먼저 2)**덕운**德雲**비구**를 친견하고 질문을 합니다.

① 어떻게 보살행을 배우며 [<ruby>云<rt>운</rt></ruby><ruby>何<rt>하</rt></ruby><ruby>學<rt>학</rt></ruby><ruby>菩<rt>보</rt></ruby><ruby>薩<rt>살</rt></ruby><ruby>行<rt>행</rt></ruby>]

② 어떻게 보살행을 닦으며 [<ruby>云<rt>운</rt></ruby><ruby>何<rt>하</rt></ruby><ruby>修<rt>수</rt></ruby><ruby>菩<rt>보</rt></ruby><ruby>薩<rt>살</rt></ruby><ruby>行<rt>행</rt></ruby>]

③ 어떻게 보살행에 나아가며 [<ruby>云<rt>운</rt></ruby><ruby>何<rt>하</rt></ruby><ruby>趣<rt>취</rt></ruby><ruby>菩<rt>보</rt></ruby><ruby>薩<rt>살</rt></ruby><ruby>行<rt>행</rt></ruby>]

④ 어떻게 보살행을 행하며 [<ruby>云<rt>운</rt></ruby><ruby>何<rt>하</rt></ruby><ruby>行<rt>행</rt></ruby><ruby>菩<rt>보</rt></ruby><ruby>薩<rt>살</rt></ruby><ruby>行<rt>행</rt></ruby>]

⑤ 어떻게 보살행을 맑히며 [<ruby>云<rt>운</rt></ruby><ruby>何<rt>하</rt></ruby><ruby>淨<rt>정</rt></ruby><ruby>菩<rt>보</rt></ruby><ruby>薩<rt>살</rt></ruby><ruby>行<rt>행</rt></ruby>]

⑥ 어떻게 보살행에 들어가며 [<ruby>云<rt>운</rt></ruby><ruby>何<rt>하</rt></ruby><ruby>入<rt>입</rt></ruby><ruby>菩<rt>보</rt></ruby><ruby>薩<rt>살</rt></ruby><ruby>行<rt>행</rt></ruby>]

⑦ 어떻게 보살행을 성취하며 [<ruby>云<rt>운</rt></ruby><ruby>何<rt>하</rt></ruby><ruby>成<rt>성</rt></ruby><ruby>就<rt>취</rt></ruby><ruby>菩<rt>보</rt></ruby><ruby>薩<rt>살</rt></ruby><ruby>行<rt>행</rt></ruby>]

⑧ 어떻게 보살행을 따라가며 [<ruby>云<rt>운</rt></ruby><ruby>何<rt>하</rt></ruby><ruby>隨<rt>수</rt></ruby><ruby>順<rt>순</rt></ruby><ruby>菩<rt>보</rt></ruby><ruby>薩<rt>살</rt></ruby><ruby>行<rt>행</rt></ruby>]

⑨ 어떻게 보살행을 생각하며 [<ruby>云<rt>운</rt></ruby><ruby>何<rt>하</rt></ruby><ruby>憶<rt>억</rt></ruby><ruby>念<rt>념</rt></ruby><ruby>菩<rt>보</rt></ruby><ruby>薩<rt>살</rt></ruby><ruby>行<rt>행</rt></ruby>]

⑩ 어떻게 보살행을 더 넓히며 [<ruby>云<rt>운</rt></ruby><ruby>何<rt>하</rt></ruby><ruby>增<rt>증</rt></ruby><ruby>廣<rt>광</rt></ruby><ruby>菩<rt>보</rt></ruby><ruby>薩<rt>살</rt></ruby><ruby>行<rt>행</rt></ruby>]

⑪ 어떻게 해야 보현의 행을 빨리 원만케 하옵니까?

[<ruby>云<rt>운</rt></ruby><ruby>何<rt>하</rt></ruby><ruby>令<rt>령</rt></ruby><ruby>普<rt>보</rt></ruby><ruby>賢<rt>현</rt></ruby><ruby>行<rt>행</rt></ruby><ruby>速<rt>속</rt></ruby><ruby>得<rt>득</rt></ruby><ruby>圓<rt>원</rt></ruby><ruby>滿<rt>만</rt></ruby>]

이것이 입법계품의 주제요, 선재동자가 구법여행을 떠나는 까닭이고 목표입니다. 이 질문은 53선지식을 만날 때마다 늘 한결같이 반복합니다.

'보살행을 배우고 보살도를 실현하겠다'는 것이 선재동자의 간절한 바람이요, 『화엄경』 입법계품이 우리에게 심어주고 있는 소중한 가르침이라는 것을 꼭 명심하시기 바랍니다.

선재동자는 이 덕운비구를 만나, 부처님을 생각하는 '염불삼매念佛三昧를 통하여 청정한 지혜를 일으키는 **발심주發心住(십주의 세1단세)'**를 얻게 됩니다.

그리고 덕운비구는 '대보살들께서 지혜로 청정하게 수행하는 해탈법문이야 내가 어떻게 알겠는가?' 하면서, 남쪽 해문국에 있는 해운비구를 찾아가 보살행을 물으라고 합니다.

3) **해운海雲비구**는 선재동자에게 물었습니다.

"선남자여, 아뇩다라삼먁삼보리심을 내었는가?"

"그렇습니다. 아뇩다라삼먁삼보리심을 내었습니다."

아뇩다라삼먁삼보리심은 무상정등정각無上正等正覺의 마음입니다. 가장 높고 바르고 완벽한 깨달음인 무상정등정각.

이것이 불교의 목표이기에 '발아뇩다라삼먁삼보리심 하라'고 합니다. 위없는 깨달음의 마음을 발하라. 부처가 되겠다는 마음을 발하라는 것이며, 이 아뇩다라삼먁삼보리심을 보리심菩提心이라고 합니다.

해운비구는 최상의 깨달음을 성취하겠다는 보리심을 내는 일이 매우 어렵다고 하면서, '보리심이 곧 대비심大悲心'임을 깨우칩니다.

그리고 중생을 널리 구원하고 세간을 복되게 하는 대비

심으로 두루 넓게 보는 눈을 갖추어야 보리심을 잘 지킬 수 있고, '마음을 청정하게 다스리는 **치지주**治地住(십주의 제2단계)에 머물 수 있다'고 가르칩니다.

해운비구의 추천에 따른 선재동자는 다시 남쪽의 능가산 옆 해안 마을에서 설법하고 있는 4)**선주善住비구**를 찾아갑니다.

팔부신중을 비롯한 온갖 천신들이 선주비구를 공경·찬탄·공양하는 모습을 보고 환희심을 일으킨 선재동자는, "보살은 어떻게 수행해야 하며…" 등의 열한 가지 질문을 합니다.

이에 선주비구는 '오고 가고 다니고 멈출 때마다 잘 생각하고 닦고 관찰하여 지혜의 광명을 얻어야 한다'는 가르침을 주었고, 이를 닦은 선재동자는 '지혜로 실상을 관찰할 수 있는 **수행주**修行住(십주의 제3단계)'에 이르게 됩니다.

다시 선재동자는 선주비구가 일러준 대로 남쪽으로 발걸음을 옮겨 자재성의 5)**미가**彌伽**장자**長者를 찾아가자, 장자는 시장 가운데의 사자좌에 앉아 수많은 사람에게 장엄한 법문을 설하고 있다가 동자에게 묻습니다.

"그대는 아뇩다라삼먁삼보리심을 이미 내었는가?"

선재가 보리심을 내었다고 하자, 미가장자는 곧바로 사자좌에서 내려와 선재동자에게 엎드려 절을 하고, 향과 꽃과 갖가지 물건들을 공양합니다.

그리고는 '중생들로 하여금 청정한 성품을 간직하게 하는 생귀주生貴住(십주의 제4단계)에 이르려면 음성다라니를 성취해야 한다'고 하면서, 음성광명법문을 가르쳐줍니다.

또다시 선재동자는 미가장자가 추천을 해준 6)**해탈解脫장자**를 친견하기 위해 찾아가는데, 그 여정은 무려 12년이나 걸립니다.

선재동자는 그 해탈장자의 몸에서 발산되는 막강한 광명이 시방세계를 두루 비추어 중생들에게 무한한 이익을 주는 것을 목격합니다. 선재동자는 해탈장자로부터 이 삼매를 성취하는 법을 배우고 익혀, 중생을 위한 방편을 두루 갖추는 **구족방편주具足方便住**(십주의 제5단계)를 성취합니다.

다음으로 해탈장자가 추천한 7)**해당海幢비구**를 찾아갔는데, 해당비구는 가부좌를 하고 삼매에 들어, 숨도 쉬지 않고 미동도 하지 않았습니다. 그러나 분별심이 있거나

불편함이 조금도 없었습니다.

선재동자는 일심으로 해당비구의 모습을 6개월 동안 관찰하여, '중생으로 하여금 가난의 고통을 여의게 하고 지옥에서 벗어나게 하고 액난을 면하게 하고 선정을 사랑하게 하고 보리심을 발하게 하는 삼매를 얻어', 바른 마음으로 지혜롭게 머무는 정심주正心住(십주의 제6단계)에 이르게 됩니다.

해당비구는 다음 선지식으로, '남쪽으로 우바이 휴사를 찾아가서, 어떻게 보살의 행을 하고 보살의 도를 닦는지를 물으라'고 지시합니다.

선재동자가 재가보살 8)휴사녀休舍女를 찾아갔을 때, 한 여인이 황금 자리에 앉아 진주 보관을 쓰고 온갖 보배로 몸을 장식하고 있음을 보게 됩니다. 이 여인이 '쉬는 집'이라는 뜻을 지닌 휴사녀休舍女로, 그녀를 보는 이는 병고가 사라지고 번뇌가 뿌리 뽑히고 장애의 산이 무너지고 걸림 없는 청정한 경계에 들어가게 된다고 합니다.

그녀는 "선근을 심지 않으면 끝내 나를 보지 못한다. 만약 나를 보면 위없는 보리에서 물러나지 않게 된다"고 말합니다. 그리고 어떤 장애 속에서도 보리심이 물러나지 않는 해탈법문을 일러줍니다. 이를 통하여 선재동자는 **불퇴주不退住**(십주의 제7단계)의 경지를 이루고, 휴사녀가 일러주는 다음 선지식인 비목구사를 찾아 길을 떠나게 됩니다.

9)**비목구사毘目瞿沙 선인仙人**은 사슴 가죽을 뒤집어쓰고 땅바닥에 앉은 야인野人의 모습을 하고 있습니다. 그는 부처 예비생으로서의 선재동자를 바로 알아보고, "기필코 모든 중생을 건지고 기필코 모든 괴로움을 없앨 것"이라며 칭찬합니다.

선재동자가 비목구사 선인의 경지가 어떠한지를 묻기 바쁘게, 그는 선재동자의 머리를 만지고 손을 덥석 잡습니다. 순간 선재동자는 삼매 속으로 빨려 들어가서, 시방세계 미진수 부처님 처소에 이르러 부처님께서 설법하고 광명을 발하는 모습을 보게 되며, 그 삼매에서 깨어나 천진한 지혜를 갖추는 **동진주童眞住**(십주의 제8단계)에 이르게 됩니다.

비목구사의 추천으로 선재동자는 10)**승열勝熱 바라문婆羅門**을 찾아갑니다. 승열은 '열熱을 이긴다〔勝〕'는 뜻으로, 승열 바라문은 불산과 칼산에서 몸을 날리는 수행을 하고 있었습니다. 선재동자가 법을 청하자 승열 바라문은 힘든 요구를 합니다.

"선재여, 그대가 이 칼산 위에 올라가서 몸을 불구덩이에 던진다면 모든 보살행이 다 청정해질 것이다."

이제 선재동자는 고민에 빠집니다.

'사람의 몸을 얻기 어려운데, 어찌 이와 같은 일을 시키는가? 혹 악마가 보살이나 선지식의 모습으로 가장한 것은 아닐까?'

선재동자의 이와 같은 의심은 너무나 당연합니다. 악마라면, 구도의 여정이 여기에서 끝나 버리기 때문입니다. 반대로 진정한 선지식이라면 더 높은 단계로 가는 절호의 기회가 됩니다. 어떻게 할 것인가?

이때 운명의 기로에 선 선재동자 앞에 범천이 나타나 용기를 주었고, 선재동자는 기꺼이 불속으로 몸을 던집니다.

"거룩하신 이여, 저의 참회를 받아주소서"라는 말과 함께. 그런데 그 불은 몸을 태워 버리는 불이 아니라 탐·진·치 삼독을 녹여주는 불꽃이었고, 선재동자는 미래에 부처가 될 자격을 갖추는 **법왕자주**法王子住(십주의 제9단계)를 얻게 됩니다.

이어 승열 바라문의 추천에 따라 사자분신성의 비로자

나궁전에 있는 11)**자행동녀**慈行童女를 찾아갑니다. 자행동녀는 살갗이 금빛이요 눈은 자줏빛이며 머리카락은 검푸른데, 범천의 음성으로 법을 설하고 있었습니다.

선재동자가 가르침을 청하자 자행동녀는 "내 궁전의 장엄함을 살펴보라"고 합니다. 선재동자가 궁전의 장엄함을 살펴보니, 그 궁전에는 여래께서 처음 보리심을 내고, 보살행을 닦고, 서원을 만족하고, 공덕을 갖추어 무상정등정각을 이루던 일과, 묘한 법문을 굴리다가 열반에 드신 일이, 마치 깨끗한 물에 사물이 있는 그대로 비치듯이 다 나타나고 있었습니다.

이어 자행동녀는, 보살행의 방법에는 반야바라밀로 장엄하는 문이 수없이 많다는 것을 깨우쳐줍니다. 이에 선재동자는 지혜의 완성을 인정받는 **관정주**灌頂住(십주의 최종단계)에 도달하고, 자행동녀의 추천에 따라 선견비구를 찾아갑니다.

십행법의 성취

45. 선견자재주동자 善見自在主童子

십행법문 얻기 위해 선견비구[12] 자재주와[13]

46. 구족우바명지사 其足優婆明智士
구족이란 우바이와[14] 복덕장인 명지거사[15]

47. 법보계장여보안 法寶髻長與普眼
무량복덕 법보계와[16] 병고치는 보안장자[17]

48. 무염족왕대광왕 無厭足王大光王
험상궂은 무염족왕[18] 자애로운 대광왕과[19]

49. 부동우바변행외 不動優婆遍行外
재가보살 부동녀와[20] 변행외도[21] 친견했네

선재동자는 12)선견비구로부터 21)변행외도까지의 열 분 선지식의 친견을 통하여, 보살 수행 52단계 중 제 21~30까지의 십행十行 경지를 성취하게 됩니다. 이 십행 해탈법문을 배우기 위해 만난 첫 번째 선지식은 선견비구 입니다.

선재동자는 삼한국에 이르러 12)선견善見비구가 숲속 을 거닐며 왔다갔다하는 것을 보게 되는데, 거룩하고 잘 생긴 모습에 둥근 광명이 가득한 선견비구의 모습이 마 치 부처님처럼 보였습니다.

선재가 청법을 하자 선견비구는, 그가 과거생에 무량한

대겁 동안 여러 부처님 처소에서 범행을 닦고 육바라밀을 익혀, 중생을 기쁘게 하는 **환희행歡喜行**(십행의 제1단계)을 성취하였음을 밝힙니다. 그리고 남방 명문국의 자재주동자를 찾아가라고 일러줍니다.

선재동자가 명문국으로 가서 13)**자재주동자自在主童子**를 찾자, 천룡과 건달바들이 '동자가 지금 물가에서 놀고 있다'며 안내를 합니다. 과연 자재주동자는 여러 동자들과 함께 모래를 모아 장난을 하고 있었습니다.

자재주동자는 자신이 옛날에 문수사리동자에게서 의술·건축·토목·영농법·상술 등 세간의 온갖 기술을 배워 통달하였다는 것을 밝히면서, 이와 같은 법들을 가르쳐줍니다.

이에 선재동자는 세속의 중생을 이롭게 하는 이 요익행饒益行(십행의 제2단계)들을 통달하였고, 자재주동자의 추천으로 남방 해주성에 있는 구족 우바이를 찾아갑니다.

선재동자는 복덕장해탈문福德藏解脫門을 성취한 14)**구족具足 우바이優婆夷**를 찾아가서 그 집안을 살펴보니, 의복·음식·살림살이는 없고 조그마한 그릇 하나만 놓여 있었으며, 구족 우바이의 몸에서는 형용할 수 없는 향기가 뿜어져 나오고 있었습니다.

그 향기를 맡는 이는 탐욕과 분노와 교만한 마음이 사라지고 평등한 마음과 자비로운 마음이 일어났습니다. 그리고 집안에 있는 작은 그릇 하나로, 시방세계에 있는 모든 중생들이 원하는 여러 가지 맛 좋은 음식을 배불리 먹게 하였지만 음식이 줄어들지 않았습니다.

선재동자는 이 구족 우바이 밑에서 중생을 거스르지 않고 만족시켜주는 **무위역행**無違逆行(십행의 제3단계)을 성취하고, 다시 대흥성의 명지거사를 찾아갑니다.

15) **명지**明智**거사**居士를 만난 선재동자가 '모든 중생을 위해 최고의 깨달음을 얻고자 하는 이유' 열세 가지를 분명히 밝히자 명지거사는 짧게 법문을 합니다.

"선남자여, 나는 마음 먹은 대로 복덕이 나오는 수의출생복덕장隨意出生福德藏을 얻었으므로, 중생이 필요로 하는 의복·영락·코끼리·꽃·향·탕약·집 등을 모두 만족시켜주고 진실한 법문까지 일러주느니라."

이 명지거사의 가르침에 따라 선재동자는 중생제도의 뜻을 굽히지 않는 **무굴요행**無屈撓行(십행의 제4단계)을 닦습니다.

이어 동자가 궁성에 사는 16)**법보계法寶髻장자**를 친견하자, 장자는 자신의 집을 구경시켜줍니다. 10층으로 된 그 집의 1층부터 4층까지는 중생을 위한 음식·옷·장신구·보물 등을 베푸는 곳이었고, 5층부터 10층까지는 설법하고 수행하는 곳이었습니다.

5층에서는 법을 설하고, 6층에서는 법이 무엇인지를 알게 하며, 7층에서는 방편과 지혜로써 모든 부처님들의 바른 법을 듣고 지니며, 8층에서는 부처님 경계에 두루 들어가는 법을 설하며, 9층에는 다음 생에 성불할 보살들이 모여 있고, 10층에는 많은 부처님들께서 법륜을 굴리며 중생을 제도하고 있었습니다.

크게 감탄한 선재는 법보계 장자에게 여쭈었습니다.

"어떤 선근을 심었기에 이와 같은 과보를 받습니까?"
"과거생에 보장엄불께서 성안으로 들어오실 때 음악을 연주하고 향을 살라 공양하였으며, 부처님과 선지식을 항상 뵙고 바른 법을 들었으므로 무량복덕보장해탈문無量福德寶藏解脫門을 얻었다."

이 법문을 듣고 선재동자는 어리석음과 산란함을 떠나 평화로움을 이루는 **이치란행**離癡亂行(십행의 제5단계)을 성취합니다.

다시 남쪽으로 길을 떠나 보문국의 17)**보안**善眼**장자**를 찾아갔는데, 보안장자는 풍병·황달병·해소·열병 등의 여러 가지 병을 치료해주는 분이었습니다.

또 병을 치료해주면서, 탐욕이 많은 사람에게는 부정관不淨觀을, 성냄이 잦은 사람에게는 자비관慈悲觀을, 어리석은 사람에게는 수식관數息觀 등을 익히게 하여 해탈을 돕고 있다고 밝힙니다.

여기에서 선재동자는 중생의 삼독을 다스려 선업을 잘 나타내게 하는 **선현행**善現行(십행의 제6단계)을 성취합니다. 보안동자는 선재에게 '남쪽 바라담성을 다스리는 무염족왕을 찾아가도록' 인도합니다.

형상이 추악한 18)**무염족왕**無厭足王은 무기를 손에 들고 눈을 부릅뜬 채 형벌로 중생을 다스리고 있었는데, 그 모습이 너무나 잔혹했습니다.

손과 발을 끊기도 하고, 귀와 코를 베고 눈알을 뽑았으며, 가죽을 벗겨 끓는 물에 삶고 타는 불에 지지는 등의 형벌이 한량이 없어, 마치 대지옥에 온 듯하였습니다.

'티끌만힌 자비심도 찾아볼 수 없는 이 왕의 행위! 과연 이것이 보살행이고 보살도인가?'

선재동자가 깊은 회의에 빠져든 것을 안 무염족왕은, "중생이 악업을 버리고 선업을 행하도록 하기 위해 이러한 방편을 베풀고 있다"고 말합니다. 그리고는 분명한 깨우침을 줍니다.

"나는 지금까지 몸과 말과 뜻으로 한 중생도 해친 일이 없느니라. 모기나 개미 한 마리 괴롭히려는 생각을 하지 않았거늘, 하물며 사람이겠는가? 사람은 곧 복전福田으로, 모든 선한 법을 능히 낼 수 있기 때문에 내가 이와 같은 방편행을 보이는 것이니라."

선재동자는 보살의 여환해탈장如幻解脫藏을 얻고 집착 없는 무착행無着行(십행의 제7단계)을 배운 다음 묘광성의 대광왕을 찾아갑니다.

19) 대광왕大光王은 무염족왕과는 정반대의 인물이었습니다. 선재가 찾아갔을 때 인자한 대광왕은 생활필수품들을 쌓아 두고 필요로 하는 이들에게 보시를 하고 있었

습니다. 동자가왕에게 절하며 가르침을 청하자, 대광왕
은 보살행을 하는 이유를 일러줍니다.

"중생을 널리 거두어주기 위함이요, 중생을 기쁘게 하
고 뛰놀게 하기 위함이요, 중생의 마음을 깨끗하고 시원
하게 하기 위함이요, 중생의 번뇌를 없애고 지혜의 길로
들어가게 하기 위함이다."

이러한 대광왕이 베푸는 보살행으로, 이 나라 사람들은
공포심이 사라졌고 탐·진·치 삼독심을 떠나서 살 수 있
게 되었다고 합니다. 이때 선재동자는 얻기 어려운 선근
들을 성취하는 **난득행難得行**(십행의 제8단계)을 터득하게
됩니다.

다시 선재가 천신들의 옹호를 받으며 20)**부동不動 우
바이**의 집을 찾아갔을 때, 그녀의 몸에서는 금빛 광명이
뿜어져 나왔고 그 광명을 받은 이들은 몸과 마음에 청량
함을 얻었습니다.
선재동자가 '어떻게 이와 같은 훌륭한 몸을 얻게 되었
는지'를 여쭈자, 부동 우바이는 지난 생에 왕비로 있을 때
부처님의 모습을 보고 환희심을 일으켰다고 합니다.

그리고 부처님처럼 되겠다는 마음을 내고는, 무수한 겁 동안 '탐욕과 성냄과 나와 내 것을 분별하는 생각'들을 내지 않고 정진하였기 때문이라고 설명했습니다.

"이렇게 하여 지혜장해탈문智慧藏解脫門을 얻어 일체법이 평등함을 알게 되었단다. 보살은 일체법을 구하는 것에 대해 싫어하는 마음이 없어야 한다."

그녀의 가르침으로 선재동자는 선법으로 교화하고 제도하는 **선법행善法行**(십행의 제9단계)을 성취합니다.

다음으로 찾아간 21)**변행외도遍行外道**는 불을 섬기는 수행자였습니다. 선재가 그가 있는 도살라성에 도착한 때는 밤중이었습니다. 그런데 산꼭대기로부터 밝은 빛이 뿜어져 나와 초목과 길 등을 환히 밝히고 있었습니다. 그 광채는 대범천왕의 것보다 더 찬란했습니다.

선재동자가 절을 하고 가르침을 청하자, 변행외도는 이 세상에 온갖 종류의 중생이 있다고 하면서 다음과 같은 게송을 설합니다.

"이 도살라성 중에 있는 여러 종류의 남녀들에게

나는 갖가지 방편으로 그들과 같은 형상을 나투어
그들에게 알맞은 법을 설하지만 그 중생들은
내가 어떤 사람인지 어디서 왔는지를 알지 못한다."

　이는 동사섭同事攝을 이야기한 것입니다. 중생의 모습과
똑같은 몸을 나투어 고락을 함께하는 동사섭. 사람을 제
도할 때는 사람의 몸을 나타내고, 신을 제도할 때는 신의
몸을 나타내며, 지옥 중생을 제도할 때는 지옥 중생의 몸
을 나타냅니다. 그렇게 그들과 고락을 함께하면서 진리
의 법문을 설하여 체득하게 합니다.
　선재동자는 이 21번째의 선지식인 변행외도를 친견하여
십행의 마지막 단계인 **진실행眞實行**을 체득하여, 널리 중
생을 이롭게 하고 중생을 따라주는 십행十行을 모두 마
스터하게 됩니다.
　하지만 선재동자의 순례길은 아득히 멀고, 친견해야 할
선지식도 많이 남아 있습니다. 과연 선재동자는 앞으로
어떤 선지식을 만나, 어떤 체험을 하고, 어떤 공부를 성취
하게 될까요?

십회향법과 열 분 선지식

50. 우바라화장자인 優婆羅華長者人
    십회향법 얻기 위해 우바라화[22] 장자 찾고

51. 바시라선무상승 婆施羅船無上勝
    뱃사공인[23] 바시라와 다름 없는 무상승과[24]

52. 사자빈신바수밀 獅子嚬伸婆須蜜
    사자빈신[25] 비구니와 바수밀다[26] 여인 찾고

53. 비슬지라거사인 毘瑟祇羅居士人
    비슬지라[27] 거사에게 열반법문 배운 다음

54. 관자재존여정취 觀自在尊與正趣
    대자대비 관자재와[28] 광명자재 정취보살[29]

55. 대천안주주지신 大天安住主地神
    대천신과[30] 안주라는[31] 땅의 신을 친견했네

　선재동자는 22)우바라화 장자로부터 땅의 신[主地神]인 31)안주까지의 열 분 선지식을 차례로 친견하면서, 보살 수행 52단계 중 제31~40까지의 십회향十廻向 법문을 성취하게 됩니다.

　내가 닦고 이룩한 선근공덕에 집착함 없이, 이 공덕들을 중생들의 행복과 깨달음과 열반의 밑거름이 되게 하는 회향!

이 십회향 해탈 법문을 배우기 위해 선재동자가 가장 먼저 찾은 사람은 향香을 파는 사람인 22)**우바라화優婆羅華 장자**입니다. 우바라화 장자는 향의 전문가로, 향의 종류와 만드는 법과 향이 나는 곳과 향의 활용법을 잘 아는 분이었습니다.

그는 오로지 향 하나만으로 중생을 교화하는데, 그가 만든 향의 향기를 맡은 중생은 7일 동안 환희를 느끼고, 몸과 마음이 쾌락하여져서 병환이 침범하지 못하며, 근심과 두려움과 성냄이 사라져서 청정하고 인자한 마음으로 서로를 대하게 됩니다.

하지만 이것까지는 우바라화 장자의 방편일 뿐입니다. 그의 목표는 이 향을 통하여 중생들로 하여금 보리심을 발하게 하는 데 있습니다.

우바라화 장자는 이러한 가르침을 선재동자에게 설한 다음, 남쪽의 누각성에 있는 뱃사공 바시라를 찾아가 '어떻게 보살행을 배우고 보살도를 닦아야 하는지를 물으라'고 합니다.

선재동자가 누각성에 이르렀을 때 뱃사공 23)**바시라婆**

施羅는 자신이 '빈궁한 중생을 이롭게 하기 위해 보살행을 닦되, 재물 보시를 한 나음에 법보시를 행하여 그들을 환희롭게 한다'는 것을 가르쳐줍니다.

여기서의 재물 보시는 옷을 주는 것과 같고, 법보시는 옷을 만들 수 있는 재봉틀 기술을 가르쳐주는 것과 같은데, 일시적인 재물 보시로 관심을 끈 다음, 괴로움의 삶에서 스스로 벗어날 수 있도록 하는 방법인 법보시를 베풀어서, 참된 변화를 이끌어내고 지혜로운 존재가 되게 한다는 것입니다.

바시라 뱃사공은 자신이 큰 배를 타고 바다를 오가는 까닭을 다음과 같이 설하고 있습니다.

① 중생으로 하여금 선근을 내게 하고
② 보리심을 일으키게 하고
③ 보리의 원을 맑게 하고
④ 대비심을 견고히 하고
⑤ 생사를 없애는 도를 닦게 하고
⑥ 생사를 싫어하지 않는 행을 내게 하고
⑦ 공덕 바다를 닦게 하고
⑧ 법의 바다를 비추게 하고
⑨ 부처 바다를 보게 하고

⑩ 지혜의 바다에 들어가게 하느니라

선재는 다시 바시라 뱃사공이 추천한 24)**무상승無上勝 장자**를 친견하기 위해 남쪽 가락성의 대장엄당으로 가서 가르침을 청합니다. '가장 크게 승리한 이'라는 뜻을 지닌 무상승 장자는 모든 다툼을 쉬게 하는 이로, 인욕바라밀을 성취한 분이었습니다.

무상승 장자의 인욕법은 참으로 지혜롭습니다. 그냥 참는 것이 아니라, 바른 법으로 삿된 소견을 벗어나게 하여 다툼을 쉬게 합니다. 또 착한 일을 행하고 좋은 기술로 세간을 이롭게 함으로써, 갈등과 대립과 분쟁을 가라앉힙니다. 이것이야말로 욕됨을 능히 참아내는 인욕의 묘법이 아니겠습니까?

선재는 무상승 장자의 추천에 따라 남쪽 수나국의 25) **사자빈신獅子嚬伸 비구니**를 찾아갑니다. 때마침 햇빛동산의 사자좌에 앉아 수많은 중생들에게 설법을 하고 있던 사자빈신 비구니는 선재를 향해 일러줍니다.

"나는 온갖 지혜를 성취하는 성취일체지해탈법문成就—切智解脫法門을 얻었는데, 팔상성도八相聖圖의 모습을 보면서 삼세의 부처님들께 두루 공양을 올렸기 때문이다."

팔상성도는 부처님이 도솔천에서 이 세상으로 내려오는 모습에서부터 열반에 드시는 모습까지의 부처님 일생을 여덟 장으로 압축하여 묘사한 그림으로, 우리나라 등의 사찰에서 팔상도를 봉안하는 근거를 여기에서 찾을 수 있습니다.

사자빈신 비구니는 다시 반야바라밀이 모든 분별과 집착을 떠난 자리임을 게송으로 설한 다음, 남쪽 험난국 보장엄성에 살고 있는 바수밀다를 추천합니다.

여인 26)바수밀다婆須蜜多는 몸을 마음대로 변화시킬 수 있는 신통력을 갖추었는데, 천신이 볼 때는 천녀로, 사람이 볼 때는 사람의 몸을 나타내었습니다. 특히 애욕 많은 이에게는 창녀의 몸을 나타내어 모든 욕정을 없애고 해탈광명을 얻도록 하였습니다.

애욕의 여인 바수밀다는 금빛 살갗에 아름다운 음성, 검푸른 머리카락과 매혹적인 눈을 갖고 있었습니다. 그녀는 말합니다.

"애욕에 얽매인 어떤 중생이든, 내가 팔을 살짝 펴기만

하여도, 내가 눈을 깜빡이기만 하여도, 내가 잠시 안기만
하여도, 내 입술에 한 번 입맞춤만 하여도, 모든 애욕이
사라지고 환희삼매를 얻는다."

욕정을 일으켜 애욕에 빠져드는 것이 아니라, 애욕을 벗
어나게 하는 바수밀다. 그녀는 이어 말합니다.
"나는 전생에 고행불께 공양하여 탐욕의 세계를 여의는
해탈문을 얻었기에 욕망에서 벗어나게 할 수 있다. 하지
만 그 이상은 모른다."
그리고는 남쪽 선도성의 비슬지라 거사를 찾아가라고
합니다.

선재동자가 남쪽 선도성에 이르러 27)**비슬지라**毘瑟祇羅
라는 거사를 찾아뵙자, 거사는 말합니다.

"나는 완전한 열반에 들지 않는 해탈문을 얻어 제불성
현들의 열반 경계를 다 알고 있다. 여래는 본래 열반에
드는 법이 없다. 다만 중생을 이끌어들이기 위해 일부러
열반을 보여준다."

선재는 거사의 법문을 듣고 중생들이 선근을 잘 따라

행하게 하는 회향법을 성취하고, 보타락가산으로 향합니다. 이 보타락가산은 우리 불자들이 가장 친근하게 생각하고 있는 관자재보살, 곧 관세음보살이 계신 불국정토입니다.

선재동자는 바다의 보타락가산에 이르러 28)**관자재觀自在보살**께 '보살행을 배우고 보살도를 닦는 방법'을 가르쳐줄 것을 청하자, 관자재보살은 '**대비행문大悲行門**' 네 글자를 힘주어 강조합니다.

이어 관자재보살은 대비행을 닦는 열한 가지 방법을 일러주고 있는데, 그중 골격을 이루는 가르침은 보시·애어·이행·동사의 네 가지로 구성된 사섭법입니다.

· 정신적 육체적 물질적으로 베풀어주는 보시섭布施攝
· 부드럽고 평화롭고 사랑이 깃든 말로써 진리의 세계 속으로 거두어들이는 애어섭愛語攝
· 중생을 위하여 이익되고 보람된 선행을 베풀어 그들로 하여금 깨달음의 세계로 들어가게 하는 이행섭利行攝
· 중생과 고락을 함께하고 길흉화복을 같이 하면서 그들을 깨우치고 올바른 길로 인도하는 동사섭同事攝

마지막으로 관자재보살은 스스로가 항상 발원하고 있는 바를 들려줍니다.

"나를 생각하거나 나의 이름을 부르거나 나의 몸을 보는 중생은 모두가 온갖 공포로부터 해방되고, 위없는 보리심을 발하여 길이 물러나지 않게 하겠다고 나는 늘 발원하노라."

이 관자재보살은 선재동자가 찾아간 53선지식 가운데 중간인 27번째로, 53선지식의 첫 번째는 대지혜의 문수보살이고, 마지막은 대행원의 보현보살입니다.

『화엄경』에서는 왜 문수·관음·보현을 첫 번째와 가운데와 마지막에 배치한 것일까요? 관세음보살을 한가운데에다 둔 까닭은 무엇일까요?

아마도 불교를 가까이하신 분들은 잘 알 것입니다. 불교가 지혜智慧와 자비慈悲와 행원行願의 종교임을 강조하기 위해 이 세 보살님을 처음과 중간과 끝에 두었고, 이 셋 중에서도 자비가 가장 중요하다는 것을 나타내기 위해 관세음보살님을 중앙에 두었다는 것을!

곧 자비가 없으면 보리심을 발한들 소용이 없고, 보살행을 배울 수도 닦을 수도 이룰 수도 없음을 천명하고 있는 것입니다. 끝으로 관자재보살은 선재에게 철저한 대지비의 가르침을 베풉니다.

"보살의 큰 서원은 모든 중생을 구제하는 것이다. 중생의 공포와 근심을 다 없애주겠다는 서원을 발하여야 한다."

깊은 감명을 받은 선재는 관자재보살의 추천에 따라 29)정취正趣보살을 찾아갑니다.

그때 정취보살은 해와 달과 별들과 천왕들의 광명까지 삼켜 버리는 큰 광명을 발하였고, 그 광명으로 지옥·아귀·축생의 삼악도를 비추어서 그곳 중생들의 고통과 번뇌를 소멸시켜주고 근심걱정을 떠나게 하였습니다.

그리고는 자신이 동방묘장세계 보승장생불이 계신 곳에서 이 세계로 왔으며, 거기서 떠난 후 말할 수 없이 많은 세계의 낱낱 부처님께 공양을 올린 공덕으로, 모든 중생의 욕망과 근기에 맞추어서, 광명을 발하기도 하고 재물을 보시한다고 설합니다.

정취보살이 추천한 남쪽 타자발지성의 30)대천신大天神은 광대한 몸을 가지고 있었습니다. 몸이 어찌나 크던

지 사해四海의 물을 떠서 얼굴을 씻을 정도였습니다. 대천신은 선재동자에게 설합니다.

"선남자여! 나는 오욕을 탐하는 이에게는 오욕의 부정한 경계를 보여주고, 성질내고 교만한 이에게는 나찰이 피를 빨고 씹는 것과 같은 무서운 형상으로 놀라고 두렵게 하여 성냄과 교만을 여의게 하며, 혼미하고 게으른 이에게는 국법과 도둑과 수재·화재와 중대한 질병을 보여서 두려움과 고통을 알게 하여 스스로 깨어나게 하노라."

대천신은 이러한 방편들을 나타내어 우리가 일상생활에서 일으키는 탐·진·치심을 놓게 한다는 것입니다.

큰 하늘의 신인 대천은 다음 선지식으로 보리도량에 있는 땅의 신인 31)안주주지신安住主地神을 추천합니다. 선재가 찾아갔을 때, 이 지신은 백만 땅의 신들과 함께 선재동자가 '모든 중생이 의지할 곳이며, 무명의 껍질을 깨뜨릴 부처님의 창고'라고 찬탄합니다.

이어 안주주지신은 발로 땅을 눌러 한량없는 보배들을 솟아오르게 한 다음 일러줍니다.

"이 보배들은 그대가 옛적에 심은 선근의 과보이다. 항상 그대와 함께하니 마음대로 사용하라. 나도 깨뜨릴 수 없는 지혜의 보배들로 중생을 성취시키고 있노라."

이상의 열 분 선지식을 만난 선재는 열 가지 회향해탈법을 모두 터득하고 십지十地의 경지를 향해 나아갑니다. 그런데 이때까지의 31명 선지식과 십지를 설하는 선지식에는 뚜렷한 차이가 있습니다.

그 차이는 십지를 설한 열 분이 모두 여신이요, 그녀들 중 앞쪽의 여덟 분이 주야신이라는 공통점을 지니고 있는 데 비해, 여기까지의 31명 선지식들 직업은 다양하기 그지없다는 것입니다.

31명의 선지식 중에는 선인 1명, 장자 7명, 우바이 3명, 바라문 1명, 동자 1명, 동녀 1명, 외도 1명, 뱃사공 1명, 천신 1명, 지신 1명, 창녀 1명, 의사 1명, 왕 2명, 비구 5명, 비구니 1명, 보살 3명입니다.

곧 불교전문 수행자인 비구·비구니·보살이 9명인데 비해, 다른 직업을 지닌 분들이 22명이나 됩니다. 더욱이 비구는 12)번 안쪽의 낮은 경지에만 보일 뿐입니다.

보통 불교를 믿는다고 하면 부처님의 가르침만 챙겨야지, 다른 가르침을 가까이해서는 안 된다고 가르칩니다.

하지만 선재동자가 만난 선지식들을 살펴보면 오히려 그 반대라는 것을 알 수 있습니다. 한 분야의 전문가요 대가, 인생의 경험이 풍부한 이들에게 질문하고 해답을 얻는 것이 무엇보다 요긴하다는 것을 알 수 있습니다.

보살은 불교 속에서, 특히 소승의 틀에 갇혀 살면 안 됩니다. 여러 직업의 전문가, 남자만이 아니라 여자에게도, 심지어는 불교를 반대하는 외도들까지 찾아가서 배워야 합니다.

참된 깨달음인 보리에 도움이 된다면 악마가 하는 말도 귀담아들어야 하고 악마의 철학도 정중히 받아들여 보리심을 길러야 합니다. 그들 각자가 살아가면서 품게 된 그 무엇 하나씩을 우리의 것으로 깨우쳐 가야 합니다.

이 선지식들처럼 자기의 일과 자기의 향상에 정성을 쏟고 열정을 바치며 살아가는 것이 중요합니다. 지금 내가 어디에 있든지 정성과 열정을 바치는 것이 중요합니다.

또한 우리가 간직하고 있는 원대한 원들을 성취하기가 어렵고 힘들기는 하지만, 능히 할 수 있다는 다짐을 하며 노력을 기울이고 열정을 쏟아야 한다는 것을, 이들 선지식과 선재동자가 일깨워주고 있음을 깊이 명심해야 합니다.

십지법을 깨우쳐준 선지식들

56. 바산바연주야신 婆珊婆演主夜神
32)
   십지법문 얻기 위해 바산바연 주야신과

57. 보덕정광주야신 普德淨光主夜神
33)
   공덕바다 일러주는 보덕정광 주야신과

58. 희목관찰중생신 喜目觀察衆生神
34)
   중생들을 희목으로 관찰하는 주야신과

59. 보구중생묘덕신 普救衆生妙德神
35)
   중생 두루 구제하는 보구중생 묘덕신과

60. 적정음해주야신 寂靜音海主夜神
36)
   적정음해 관장하는 적정음해 주야신과

61. 수호일체주야신 守護一切主夜神
37)
   모든 정법 잘 지키는 수호일체 주야신과

62. 개부수화주야신 開敷樹華主夜神
38)
   나무의 꽃 피워 내는 개부수화 주야신과

63. 대원정진력구호 大願精進力救護
39)
   정진력과 대원 갖춘 대원정진 주야신과

64. 묘덕원만구바녀 妙德圓滿瞿婆女
40)   41)
   묘덕원만 주야신과 구바녀를 찾았도다

지금부터 열 분 선지식께 배우는 내용은 보살 수행의 최고봉인 십지十地에 해당하는 내용입니다.

이 십지의 해탈문을 성취하기 위해 찾아간 열 분 선지식의 성姓은 앞에서 잠깐 언급하였듯이 모두가 여성입니다. 밤을 다스리는 8명의 주야신과 아홉 번째 룸비니동산의 신은 여신이요, 마지막 구바녀는 석가모니의 전생 아내입니다.

그런데 왜 매우 높은 경지인 이 십지十地의 선지식들을 여인들로 구성한 것일까요? 『화엄경』에서는 그 까닭을 밝히지 않고 있지만, 일찍부터 인도에서 땅[地]을 관장하는 신을 여신으로 모셨고, 만물을 생장하는 땅의 기능을 수행하는 데는 남자보다는 자식을 낳고 기르는 여인이 더 적합하다고 보았기 때문이 아닌지 사려됩니다. 이제 십지의 열 분 선지식을 하나하나 살펴봅시다.

선재동자가 32)바산바연婆珊婆演 주야신主夜神을 만났을 때 주야신은 허공에 있는 보배 누각 속의 사자좌에 앉아 수많은 중생들로 하여금 험난한 길을 면하게 하고 있었습니다. 그리고 모든 중생의 어둠을 깨뜨리는 광명해탈법을 얻었다고 하면서 게송을 설합니다.

"나는 나쁜 꾀를 가진 중생에게 크게 인자한 마음[慈心]
을 일으키게 하고, 착하지 못한 업을 싯는 중생에게 불
쌍히 여기는 마음[悲心]을 일으키게 하고, 착한 업을 짓는
중생에게 기뻐하는 마음[喜心]을 일으키게 하고, 잡되거나
집착이 강한 중생에게 버리는 마음[捨心]을 일으키게 하
노라."

이렇게 사무량심四無量心인 자비희사慈悲喜捨를 베풀어
서, 중생들을 장애와 근심과 괴로움과 공포심에서 벗어나
게 할 뿐 아니라, 환희로움을 안겨준다는 것을 깨우쳐줍
니다. 이때 선재는 항상 기쁜 마음으로 사는 십지의 제1
환희지歡喜地에 안착하게 됩니다.

선재가 두 번째로 찾은 주야신은 33) **보덕정광**普德淨光
이며, 보살도를 묻는 선재에게 부처님과 부처님의 법문을
관찰하는 방법 열 가지를 설한 다음, 게으른 중생의 마음
을 집중적으로 공략합니다.

"나는 방일한 중생들에게 부정하다는 생각을 내게 하
고, 싫고 고달프고 힘들고, 무상하고 부자유스럽고 괴롭
고 공하고, 늙고 병들고 죽는다는 생각을 내게 한다. 이

렇게 중생들에게 방일함에 대한 고통을 주어서, 마침내는 법의 즐거움에 머물게 하고, 자신의 집으로 여기는 삿된 것들로부터 벗어나 진실한 집에 들어가게 한다."

그리고 앞에서 밝힌 '싫고 고달프고 괴롭고…' 등의 생각이 들면, 수행을 하지 않는 것에 대한 주야신의 경고임을 알아서, 마음을 새롭게 가다듬어 열심히 정진해야 한다고 일깨웁니다.

보덕정광 주야신은 선재동자에게 이상의 법문을 설하여 때 없이 맑고 청정하게 사는 십지의 제2 이구지離垢地를 터득하게 돕고, 다음 선지식을 추천합니다.

34)희목관찰중생喜目觀察衆生 주야신은 '기쁜 눈으로 중생을 관찰하는 밤의 신'입니다. 선재동자가 희목관찰중생주야신을 친견하자, 중생을 이롭게 하는 십바라밀에 대해 설합니다.

십바라밀은 보시·지계·인욕·정진·선정·반야의 육바라밀과, 이들 육바라밀을 도와주는 방편方便·원願·역力·지智의 네 가지 바라밀을 더한 것으로, 주야신의 가르침을 요약하면 다음과 같습니다.

① 보시바라밀은 남에게 주기가 쉽지 않은 것들을 널리 베푸는 것이요

② 지계바라밀은 지위·명예·부귀 등의 세속적인 가치를 버리고 보살도를 닦는 것이요

③ 인욕바라밀은 세간의 모든 괴로움과 함께 보살이 닦는 고행을 참는 것이요

④ 정진바라밀은 불법을 꾸준히 바르게 닦아 가는 것이요

⑤ 선정바라밀은 삼매에 들어가는 것이요

⑥ 반야바라밀은 분별과 집착이 끊어진 완전한 지혜를 성취하는 것이요

⑦ 방편바라밀은 법을 중생의 근기에 맞게 써서 보시·지계·인욕의 성취를 돕는 것이요

⑧ 원바라밀은 항상 중생을 구제하겠다는 서원을 품어서 정진을 돕는 것이요

⑨ 역바라밀은 육체적 정신적인 힘을 길러 바른 삼매를 이루는 선정을 돕는 것이요

⑩ 지바라밀은 올바른 앎[智]을 길러 완전한 깨달음인 반야를 돕는 것이다.

희목관찰중생주야신은 이상과 같은 집착 없는 십바라

밀을 자세히 가르쳐주었고, 이에 밝은 지혜의 빛을 발하는 십지의 제3 발광지發光地에 안착한 선재동자는 다음 선지식을 찾아갑니다.

35)보구중생묘덕普救衆生妙德 주야신은 '널리 중생을 보호하는 묘한 덕을 지닌 밤의 신'이라는 뜻입니다. 선재동자가 친견하러 갔을 때, 해탈의 신통한 힘과 한량없는 광명을 지닌 이 주야신은 그의 광명으로 모든 세상을 비춘 다음, 선재동자의 정수리로 광명을 불어 넣어 온몸에 가득차게 만듭니다.

이 광명에 힘입어 선재동자는, 모든 시간과 모든 공간 속에서 중생의 모양과 말과 행동과 근기에 맞추어서 방편을 베풀고 교화하는 이 주야신의 활약상을 보게 됩니다.

곧 지옥 중생은 고통에서 벗어나게 하고, 축생은 서로 잡아먹지 않게 하고, 배고픈 아귀는 배부르게 하는 등의 교화력을 보여서, 삼독의 업을 지어 삼악도에 떨어진 중생들을 제도합니다.

선재동자는 중생을 교화하는 법과 원만삼매를 이루는 방법을 이 주야신으로부터 배우고 불꽃과 같은 지혜를 발하는 십지의 제4 염혜지焰慧地를 얻게 됩니다.

보구중생묘덕주야신이 추천한 36)**적정음해**寂靜音海 주**야신**은 '고요한 음성 바다를 주관하는 밤의 신'입니다. 이 주야신은 설합니다.

"나는 모든 중생이 청정함과 평등함을 좋아하게 하고, 걱정의 벌판을 뛰어넘게 한다."

곧 중생의 걱정과 근심을 모두 여의게 한다는 것입니다. 그리고 자기가 있는 집에 대해 애착하는 이, 그리움에 빠진 이, 성냄이 많은 이, 게으른 이, 산란한 이들에게 적절한 법을 설하여 해탈할 수 있게 한다고 합니다.

이에 선재동자가 "어떻게 하여 이 해탈을 얻었습니까?" 하고 묻자, 주야신은 "열 가지 큰 법장인 십바라밀을 닦아 행하면 해탈을 얻을 수 있다"고 하면서, 십바라밀을 보다 심도 있게 가르쳐줍니다.

여기에서 선재는 참기 어려운 일을 잘 참고 이겨내는 십지의 제5 **난승지**難勝地에 안착합니다.

선재동자는 다음 선지식으로 37)**수호일체**守護一切 주**야신**을 찾아뵙고 가르침을 청합니다.

"보살은 지금 이 자리에서, 매우 깊고 자유자재하고 묘한 '음성해탈문'으로 부처님의 법장을 열어 보이고, 큰 서원과 자비의 힘으로 모든 중생을 보리심에 머물게 하고 이롭게 하면서 쉼 없이 선근을 쌓아 간다."

이 설법을 듣고 선재동자는 어떻게 하면 음성해탈문을 얻게 되는지를 묻습니다. 주야신은 오랜 과거 생의 정법이 없어지려 할 때의 상황을 이야기해줍니다.

"1천 명의 대중이 각기 1천 가지의 엉뚱한 소리를 하고, 번뇌와 업이 두터운 나쁜 비구들이 서로 다투면서 공덕을 구하지 않았을 때, 전륜성왕이 출가하여 한량없는 중생의 번뇌를 제거하고 보리심을 내게 하였는데, 그 인연으로 여래가 가르친 법이 다시 흥성하게 되었다."

그리고 출가를 한 전륜성왕의 딸 법륜화광法輪化光 비구니가 삼매를 얻어, 부처님의 법을 자유자재로 설하는 묘한 음성해탈문을 얻었다는 이야기를 들려주면서, 그때의 전륜성왕이 바로 보현보살이요 그 딸이 자신이라는 것을 일러줍니다.

여기에서 선재는 불법이 항상 앞에 함께하는 십지의 제

6 현전지現前地를 증득하고, 다음 선지식으로 추천받은 개부수화주야신을 친견하러 떠납니다.

38)개부수화開敷樹華 주야신은 '모든 나무에 꽃을 피우는 밤을 주관하는 신'입니다. 보살도를 어떻게 닦아야 하는지를 선재동자가 묻자, 주야신은 답합니다.

"선남자여! 나는 산이나 물이나 성지나 벌판 등지에 있는 중생이 해가 지고 그들이 있던 곳으로 돌아가려 하는 것을 보면, 가만히 보호하여 바른길을 찾게 하고 도착해야 할 곳에 가서 밤을 편안히 지내게 하노라."

그리고 자신이 한 일을 구체적으로 일러줍니다.

"중생들이 나와 내 것에 집착하여 무명의 암실에 머물고, 온갖 견해의 숲에 들어가 탐애에 얽매이고 분노에 무너지고 우치에 어지럽혀지고 시기 질투에 휘감기어 생사 윤회를 하고, 가난에 지쳐 불보살님을 만나지 못하게 되는 것을 보고 온갖 신통력으로 그들을 구제해 왔다."

그리고는 또 다른 식으로 십바라밀행을 알려줍니다. 여

기에서 선재는 정진의 행이 멀리까지 미치는 십지의 제7 원행지遠行地를 이룹니다.

개부수화주야신이 추천한 39)**대원정진력구호大願精進力救護 주야신**은 '대원의 정진력으로 일체 중생을 구원하는 주야신'입니다.

이 주야신은 선재동자를 향하여 '출리심'의 중요성을 말합니다. 출리심出離心, 곧 '마음을 내는 것'이 바로 온 우주를 바꾸는 강력한 힘이 됨을 천명하면서, '열 가지 청정한 마음을 일으켜 무수히 많은 보살님들이 지닌 행을 성취했다'고 합니다.

마음을 낸다는 것, 바로 이것입니다.

우리는 마음 같지 않은 삶이라며 '그냥 대충 맞춰 살자', '내가 뭘 하겠어', '세상을 어떻게 바꿔!'라며 합리화합니다.

그러나 중생을 위할 때는 달라야 합니다. 깊은 대비심大悲心으로 생각하고 말하고 행동해야 합니다. 그리고 바꾸어야 합니다. 왜? 마음을 낸 대로 될 수 있기 때문입니다. 이렇게 하는 가운데 흔들림이 전혀 없는 십지의 제8 **부동지不動地**를 성취할 수 있습니다.

대원정진력구호주야신의 중생을 위한 대원, 무량한 중

생으로 하여금 발심하고 수행하게 하여 깨달음의 길로
니아가게 하겠다는 대원이야말로 부동의 보살행을 이루
게 하는 원동력이 됨을 일깨워주고 있습니다.

40) 묘덕원만신妙德圓滿神은 '묘한 덕이 원만한 신'이라
는 뜻입니다. 부처님께서 태어난 곳인 룸비니동산에 있는
신으로, 선재동자는 이 신에게 '보살행을 닦는 방법과 어
떻게 하면 여래의 가문에 태어나게 되는지'를 질문합니
다.

"여래의 가문에 태어나고자 하는가?
① 모든 부처님께 공양하기를 원하고
② 보리심을 발하고
③ 법문을 관찰하여 행을 닦고
④ 청정한 마음으로 세상을 비추고
⑤ 평등한 광명으로 태어나고
⑥ 여래의 가문에 태어나기를 원하고
⑦ 부처님의 힘과 광명에 의지하고
⑧ 넓은 지혜의 문을 관찰하고
⑨ 장엄을 널리 나타내고
⑩ 여래의 땅으로 들어가면

여래의 가문에서 능히 태어날 수 있다."

이 법문을 통하여 선재는 잘 분별하여 지혜롭게 설하는 십지의 제9 선혜지善慧地에 안착하고 다음 선지식인 구바녀를 찾아갑니다.

41) **구바녀瞿婆女**는 '석가녀 구바'라고 합니다. 부처님께서 전생에 위덕왕자로 있었을 때 결혼을 한 아내입니다. 선재동자는 가비라성에 이르러 구바녀에게 엎드려 절하면서, '어떻게 보살행을 닦는지'를 묻습니다.
구바녀는 '열 가지 법을 성취하면 넓은 지혜의 광명인 보살행이 원만해진다'고 하면서, 선지식을 친근히 여기는 열 가지 마음 자세를 일러줍니다.

① 몸과 목숨을 아끼지 아니하고
② 세상의 쾌락을 탐하지 아니하고
③ 모든 법의 성품이 평등한 줄을 알고
④ 지혜와 서원을 항상 지니고
⑤ 법계의 참된 모양을 관찰하고
⑥ 마음속의 집착을 항상 떠나고
⑦ 법의 공함을 알아서 마음을 비우고

⑧ 보살들의 큰 원을 성취하고

⑨ 모든 중생계에 항상 몸을 나타내고

⑩ 보살의 걸림 없는 지혜를 항상 깨끗이 닦는 것이다.

이 구바녀의 가르침으로 선재는 진리의 구름으로 세상에 청량을 주는 십지의 마지막 경지인 **법운지**法雲地를 증득합니다.

2. 53선지식 친견의 이모저모

왜 남쪽인가? 왜 남쪽을 버렸는가?

이제까지 우리는 『화엄경』 수행 52단계 중 불법을 의심 없는 마음으로 믿고 다지는 십신, 진리의 자리에 머무는 십주, 중생을 이익되게 하는 십행, 십행의 공덕을 중생과 깨달음의 성취로 돌리는 십회향, 최상의 깨달음을 이루는 수행의 경지인 십지의 50단계까지를 성취하는 선재동자의 구법순례를 살펴보았습니다.

그런데 십신부터 십회향까지의 40단계를 설한 분량보다, 십지의 열 단계를 설한 분량이 약 1.1배 정도 더 많습니다. 왜 비중을 이렇게 둔 것일까?

그 까닭은 십지의 내용이 훨씬 중요하고 이해하기 어렵다는 데서 찾으면 됩니다. 물론 다음에 다룰 등각等覺과 묘각妙覺은 두 단계에 불과하지만 십지를 설한 것보다 더 분량이 많은데, 이 또한 같은 까닭에서입니다. 유념하시면 좋겠습니다.

또 선재동자는 십지의 단계에 이르기 전까지의 31선지식 중, 30)대천신을 친견할 때까지는 남쪽으로 남쪽으로만 향해 나아갑니다. 이 때문에 선재동자를 달리 남순南巡동자라 칭하고 있습니다.

왜 선재동자는 십지의 단계에 이르기 전까지 남쪽으로만 향하여 간 것일까요? 동쪽과 서쪽과 북쪽에는 선지식이 없어서? 남쪽에 선지식이 많이 있기 때문에?

아닙니다. 남쪽만을 향하여 나아간 까닭은 너무나 간단합니다. 남쪽이 가장 밝은 쪽이기 때문입니다. 정오가 되었을 때 태양의 광명이 가장 찬란하고 강렬해지는 곳이 남쪽이기 때문입니다.

『화엄경』의 주존불인 비로자나Vairocana는 '광명변조光明遍照' 또는 '변일체처遍一切處'로 번역됩니다. 비로자나불이 어디에나 어느 때에나 계신다고 하여 변일체처라 하고, 시간과 공간을 초월하여 비로자나불의 광명이 언제나 발현되고 있다고 하여 광명변조라고 합니다.

그런데 광명은 언제가 가장 밝고 강렬한가? 바로 정오正午입니다. 남쪽 하늘 정중앙에 떠올랐을 때 가장 찬란하고 뜨겁습니다. 또 대지의 모든 부분을 가장 널리 비추어줍니다. 최소한의 그림자만 남기고….

이 해가 바로 비로자나불입니다. 『화엄경』에서는 비로

자나불을 이 정오의 해에 비유하였고, 가장 밝은 해인 비로자나불을 찾아가고, 밝음을 찾아 나아가야 한다는 것을 일깨워주기 위해, 선재동자를 남쪽으로 남쪽으로 나아가게 만든 것입니다. 곧,

"밝고 바르게 살아가라. 정남쪽의 태양처럼, 정오의 밝음처럼. 부처님의 지혜와 자비의 빛을 이루려면 밝고 바르게 살아가야 한다. 부처님의 밝음을 추구하면서 밝고 바르게 살아갈 때, 참다운 보살이 되고 참다운 구도자가 될 수 있다."

이것이 '남순南巡'이라는 단어 속에 간직되어 있는 의미입니다.

밝음 없는 무명無明 때문에, 무명으로 지은 업 때문에 끝없이 방황하는 우리에게 진정으로 필요한 것은 무엇이겠습니까? 바로 밝음입니다. 광명변조입니다.

무명의 어둠 속에 휩싸여 있을 때는 한없이 불안하여 한 발자욱도 움직일 수 없습니다. 바로 그때 번갯불이 번쩍이거나 등불 하나라도 얻게 되면, 길을 파악할 수 있게 되고 앞이 보여 자신 있게 나아갈 수 있습니다.

밝음! 바로 이것입니다. 괴로움에서 벗어나 행복하게 살

고자 할 때 꼭 필요한 것이 밝음입니다. 그 빛은 밝으면 밝을수록 좋습니다.

그러므로 스스로를 밝게 만들어서 스스로의 앞길을 밝히고, 스스로를 밝은 쪽으로 바른쪽으로 나아가게 해야 합니다.

밝고 바른쪽으로 계속 나아가라!

이것이 선재동자가 남쪽으로 남쪽으로 간 까닭이요, 비로자나불께서 그 이름을 통하여 천명하신 바임을 꼭 기억하면 좋겠습니다.

그리고 또 한 가지 의문이 있습니다. 선재동자가 계속 남쪽으로 간 것은 30)대천신을 친견할 때까지로 끝나고, 31)안주주지신을 친견한 다음부터는 일정한 방향성 없이 순례합니다.

왜 선재동자는 '남쪽이라는 방향성을 버린 것인가? 그 까닭이 무엇인가?' 하는 것입니다.

그 해답은 십지十地의 땅(경지)에 이르렀기 때문입니다. 십지의 첫 번째인 환희지歡喜地부터는 밝음이 가득하고, 더 이상 나쁜 데로 빠지지 않는 안정된 경지이기 때문에, 남쪽을 고집할 필요가 없게 된 것입니다.

밝음과 바름이 충만되었을 때 밝음과 바름을 고집하면,

오히려 고집에서 생겨나는 부작용에 빠져듭니다.

무위심내기비심無爲心內起悲心. 십지의 첫 번째 단계에만
도달하여도 '함이 없는 무위심으로 어디에서나 크나큰
자비를 발하는 보살의 마음으로' 살 수 있기 때문에, 남
쪽이라는 방향성을 버리게 된 것입니다.

다시 「화엄경약찬게」 본문으로 돌아갑시다.

등각等覺을 이루고자

65. 마야부인천주광 摩耶夫人天主光
    등각의 법 이루고자 마야부인[42] 천주광과[43]

66. 변우동자중예각 遍友童子衆藝覺
    가비라국 변우동자[44] 예능 능한 중예동자[45]

67. 현승견고해탈장 賢勝堅固解脫長
    지혜 밝은 현승녀와[46] 견고해탈[47] 장자 찾고

68. 묘월장자무승군 妙月長者無勝軍
    해탈구족 묘월장자[48] 무애무적 무승군과[49]

69. 최적정바라문자 最寂靜婆羅門者
    늘 진실된 말을 하는 바라문인 최적정과[50]

70. 덕생동자유덕녀 德生童子有德女
덕생동자 유딕동녀 함께 만나 법 들었네 [51]

선재동자는 이 마야부인부터 덕생과 유덕을 친견하면서 등각等覺의 경지에 이르게 되는데, 이 등각等覺의 단계는 보살들의 수행인 인행囚行을 모두 닦음으로써 이르게 되는 과위果位입니다. 수행 단계 총 52위 중 51위에 해당하며, 부처님의 깨달음과 거의 같다고 하여 등각等覺이라 이름한 것입니다.

선재동자에게 등각의 법을 가르치는 첫 번째 인물은 42)마야부인摩耶夫人입니다. 석가모니의 어머니인 마야부인은 부처님 출산 후 일주일 만에 죽어 도리천에 태어난 분입니다.

선재동자가 도리천에 도착하여 마야부인을 뵙자, 마야부인은 '보살의 큰 원과 지혜의 해탈문을 얻었기 때문에 석가모니의 어머니가 되었다'고 하면서, '과거불들의 어머니가 되었을 뿐 아니라, 미래불들의 어머니가 될 것'이라고 말합니다.

그리고 이것이 과거의 무수한 생애 동안, '부처를 이루게 되는 어느 누구에게든지 내가 항상 어머니가 되겠다'

는 원을 세우고 공양을 한 선근 공덕의 인연에 의한 것이라고 설합니다.

마야부인은 선재동자에게 이와 같은 가르침을 전하고 다음 선지식으로 천주광을 추천합니다.

43) **천주광**天主光은 수미산 꼭대기에 있는 33천 중의 하늘을 다스리는 정념이라는 왕의 딸로, '천주의 광명'이라는 뜻입니다. 선재동자가 그녀를 찾아가 가르침을 청하자, 그녀는 말합니다.

"나는 걸림 없는 생각으로 청정하게 장엄하는 해탈〔無碍念淸淨莊嚴解脫〕을 얻었는데, 이는 무수한 세월 동안 부처님들께 공양을 올리면서 그분들이 발심한 이후부터 깨달음을 이룰 때까지의 전 과정을 밝게 기억하고 잊지 않았기 때문이다."

이 말을 하면서 가비라성에 있는 변우동자를 찾아가라고 합니다.

'모든 이의 벗'이라는 뜻의 44) **변우동자**遍友童子는 좋은 친구가 되고 스승이 되어 올바르게 가르치는 보살입니다.

선재동자가 도리천에서 지상인 가비라성으로 내려와 변우~~동~~자에게 가르침을 청하지만, 모든 이의 벗인 변우동자는 오히려 특별한 가르침 없이 그냥 넘어가면서 다음 선지식을 추천합니다.

"선남자여, 이곳에 한 동자가 있습니다. 이름은 선지중예요, 예술을 잘 아는 이입니다."

선재가 45)**중예동자衆藝童子**를 뵙고 보살도에 대해 물었을 때, 중예동자는 '나는 모든 예술을 잘 알 뿐 아니라, 언제나 42자모子母를 부른다'고 합니다.

"나는 42가지 자음과 모음을 부르면서 반야바라밀의 문 속으로 깊이 들어가노라. '아' 자를 부르면서 반야바라밀의 문에 깊이 들어가나니, 이 '아'는 모든 법이 본래 나지 않는다는 것을 뜻하노라. '파' 자를 부르면서 반야바라밀의 문에 깊이 들어가나니, 이 '파'는 법계를 널리 비추는 미세한 지혜이다…."

이는 범어梵語 글자 하나하나 속에 깃든 정신을 발굴해 나간 것으로, 이로부터 각종 다라니가 생겨 나왔다고 합니다. 이어 선재동자가 어떻게 하면 이 해탈법문을 얻을 수 있는지를 묻자, 중예동자는 보살의 열 가지 법을 닦으라고 합니다.

① 지혜를 찾고
② 선지식을 부지런히 찾고
③ 용맹스럽게 정진하고
④ 번뇌들을 자꾸 떠나고
⑤ 깨끗한 행을 닦고
⑥ 바른 교법을 존중하고
⑦ 법의 성품이 공함을 관찰하고
⑧ 나쁜 소견을 없애고
⑨ 바른 도를 닦고
⑩ 진실한 지혜를 보면 된다.

그리고는 마갈다국의 한 시골에 있는 여성 재가불자인 현승 우바이를 찾아가라고 합니다.

선재동자가 46)현승賢勝 **우바이**를 찾아가서 보살행에 대해 묻자, 현승은 '육근六根인 눈·귀·코·혀·몸·뜻이 지혜의 성품'이라고 합니다.
그동안 허망하고 알맹이 없고 깨끗하지 못한 것이라고

배워 왔던 육근을 지혜의 성품이라고 한 것입니다. 다시 말해 눈·귀·코·혀·몸·뜻을 떠나서는 지혜가 따로 있고 성품이 따로 있고 청정한 마음이 따로 있을 수 없음을 설하고 있습니다.

무상을 떠나서 변하지 않는 영원한 것을 찾지만 오히려 영원한 것은 무상함뿐이며, 육근을 떠나서 지혜를 찾지만 육근이 온갖 지혜의 근본이 됨을 깨달아야 한다는 것입니다.

그리고 육근이 있어야 공덕을 지을 수 있고, 지혜의 광명도 발할 수 있고, 신통을 빨리 나타낼 수 있음을 일깨워줍니다.

육근이 무상한 몸과 마음이지만, 이 육근을 떠나서는 공덕도 지혜도 신통도 없다는 가르침. 참으로 깊이 새겨야 할 가르침이라 하지 않을 수 없습니다.

이렇게 놀라운 법문을 들려준 현승 우바이는 다음 선지식으로 견고해탈 장자를 추천합니다.

47) 견고해탈장자堅固解脫長者는 견고한 해탈을 얻은 상인이라는 뜻입니다. 선재동자가 옥전성沃田城에 이르러 장자를 만나서 보살도를 묻자, '집착 없는 생각. 이것이 걸림 없이 청정한 해탈을 얻게 한다'는 것을 깨우쳐줍니다.

이 견고해탈장자로부터 추천을 받고 찾아간 48)**묘월 장자**妙月長者에게 '깨끗한 지혜 광명을 얻는 방법'을 묻자, 묘월장자는 항상 잊지 말아야 할 10가지의 법을 설합니다.

① 늘 선지식을 만나고
② 부처님을 친견하고
③ 바른 법을 듣고자 하고
④ 불보살과 선지식을 공양하고자 하고
⑤ 법문하는 곳을 찾아가고
⑥ 온갖 바라밀행을 듣고자 하고
⑦ 깨달음을 이루는 보리법문을 듣고
⑧ 삼해탈문三解脫門(空·無相·無願)을 항상 생각하고
⑨ 범천에 머무는 법을 항상 지니고
⑩ 일체지를 늘 갖고자 함이다.

묘월장자는 이와 같은 가르침을 전하고, 추천해준 다음 선지식은 무승군장자입니다.

49)**무승군**無勝軍은 '이길 자가 없는 무적'이라는 뜻입니다. 선재동자가 보살행을 배우고 보살도를 닦는 법을 묻

자, 장자는 "다함이 없는 모습인 무진상無盡相에 걸림이 없는 해탈을 증득하여 한량없는 부처님의 무진장을 얻어야 한다"고 합니다.

곧 다함 없는 무진장의 보배를 얻으려면 어떠한 상相에도 걸림이 없어야 한다는 것입니다. 그리고는 이를 증득하는 열 가지 방법을 일러줍니다.

① 오욕을 잘 살펴보라.
② 삼매에 들어가라.
③ 지혜로써 평등하게 관찰하라.
④ 바른 생각으로 부지런히 닦아라.
⑤ 공덕을 부지런히 쌓아라.
⑥ 계율의 숲을 부지런히 가꾸어라.
⑦ 그릇된 중생을 항상 구호하라.
⑧ 갖가지 법약法藥을 널리 보시하라.
⑨ 꿈과 환술 같음을 부지런히 관찰하라.
⑩ 외도들의 소견을 꺾으라.

무승군장자가 이와 같은 가르침과 함께 다음 선지식으로 추천한 50)최적정最寂靜 바라문婆羅門은 '가장 조용한 바라문'이라는 뜻입니다.

선재가 청법을 하자, '보살은 중생의 상황과 처지에 따라 적합하게 도를 말하여야 한다'고 강조합니다.

곧, 대승보살과 성문과 연각을 대하면 그들 각각에게 맞는 가르침을 베풀어서 교화할 뿐 아니라, 마음이 산란한 자, 오욕락을 좋아하는 자, 세간 법을 좋아하는 자, 사바세계의 삶을 좋아하는 자, 법의 공함을 고집하는 자 등의 어떤 사람이라도 그에 알맞은 말로 가르침을 펼쳐서 도에 들어가도록 해야 한다는 것입니다.

그것도 언제나 진실하게, 중생의 원하는 바를 좇아 성실하게 말할 것을 주문합니다. 그리고 멀지 않은 곳에 있는 덕생동자와 유덕동녀를 찾아가서 보살의 도를 물으라고 합니다.

51) 덕생동자德生童子와 유덕동녀有德童女는 두 사람이지만, 선재동자가 만난 선지식으로는 한 건으로 취급하고 있습니다. 선재가 어떻게 보살도를 닦는지를 가르쳐 달라고 하자 두 사람은 답합니다.

"선남자여, 우리가 얻은 해탈의 이름은 환처럼 머무는 해탈(幻住解脫)이다. 이 해탈의 깨끗한 지혜로 모든 법을 살펴보면 모두가 환술과 같고 환술로 성취된 것이다."

이렇게 말하고는 게송으로 주의사항을 설합니다.

"한 가지 선근을 닦거나 한 가지 법문을 알거나
한 가지 서원을 세우거나 한 번 수기를 받거나
한 가지 법인을 얻었다 하여 끝났다는 생각을 내지 말라.
한정된 마음으로는 훌륭한 바라밀을 행하지 못하고
모든 부처님 세계를 깨끗하게 하지 못하고
선지식을 섬기거나 공양하지 못하느니라."

이는 한 가지 법을 통달했다고 해서 모든 것을 통달한
양 생각하여서는 안 된다는 것입니다. 무량심無量心. 곧
한량없는 마음으로 선근을 심고 중생을 제도하고 번뇌를
끊고 법문을 배우고 불도를 이루어 가야 한다는 것입니
다.
　동자와 동녀는 보살이 마땅히 취해야 할 태도를 선재에
게 간곡히 당부하고는, 다음 선지식으로 우리가 익히 알
고 있는 미륵보살을 추천하면서, 미륵보살께 어떻게 행을
하고 도를 닦고 계율을 배우고 원을 세우고 지혜를 얻고
선지식을 섬겨야 하는지를 물으라고 합니다.

미륵·문수·보현보살의 마지막 묘각법문

71. 미륵보살문수등 彌勒菩薩文殊等
    52)
    미륵보살 친견한 뒤 문수보살 다시 찾고   1-2)
72. 보현보살미진중 菩賢菩薩微塵衆
    53)
    보현보살 친견하니 미진수의 대중들이

여기서부터는 보살 수행 52단계의 마지막인 묘각妙覺의
경지를 나타내고 있습니다. 사실 마지막 단계라고 하였
지만, 묘각은 보살의 수행에 의해 얻게 되는 과위가 아니
라 본래 갖추고 있는 오묘한 깨달음으로, 부처님이 되어
야만 완전히 회복해 가질 수 있습니다.

52)**미륵보살**彌勒菩薩은 불자들 모두가 잘 알고 있듯이
다음 세상에 부처님이 되실 분으로, 지금도 도솔천 내원
궁에 계시면서 이 세계에 하강할 날을 기다리고 있는 대
보살입니다.

선재는 해안국을 향해 나아갈 때, 바른 생각으로 보살
행을 생각하고 지난날을 되돌아보면서 스스로를 성찰합
니다. 지금까지의 몸과 말과 뜻으로 제대로 닦지 못한 것
들을 되새겨 보고 잘못들을 참회하면서, 앞으로는 바르

게 잘 닦겠다는 원을 더욱 강하게 다졌습니다. 이는 최고의 경지에 가까이 있을지라도 참회와 발원은 언제나 잊지 말아야 한다는 것을 일깨워주고 있습니다.

해안국에 도착한 선재동자는 한량없는 지혜로 훌륭하게 꾸민 **비로자나장엄장대누각**毗盧遮那莊嚴藏大樓閣 앞에 엎드려 절하고, 깊은 믿음과 이해와 큰 서원의 힘으로, 이 누각의 문을 관찰합니다.

이 큰 누각에는 공문空門·무상문無相門·무원문無願門이라는 삼해탈문三解脫門이 있으며, 능히 비우는 이〔空〕, 모든 상을 떠난 이〔無相〕, 더 이상의 원이 없는 이〔無願〕라야 들어갈 수 있는 문임을 알게 됩니다.

오랜 구법 여행을 통하여 선재동자는 공·무상·무원의 삼해탈을 이루었으므로 삼해탈문을 지나 부처님의 대누각으로 나아가고자 한 것입니다. 그러면서 선재는 이 누각에 어떤 이들이 머무는지를 파악합니다.

① 세간에 대해 고집하지 않는 이

② 경계를 좇아가지 않는 이

③ 상을 멀리 떠난 이

④ 허망한 생각을 깨뜨린 이

⑤ 모든 것에 자성이 없음을 아는 이

⑥ 다양한 업을 끊은 이

⑦ 온갖 생각과 고집을 떠난 이

⑧ 깊은 반야바라밀에 들어간 이

⑨ 방편으로 법계에 편안히 머무는 이

⑩ 모든 번뇌의 불이 꺼진 이들이 머무는 곳이다.

그리고 비로자나장엄장대누각에 안에 있을 보살들을 수없이 찬탄하고는, 일심으로 미륵보살께 보살의 도를 묻고자 합니다.

그때 다른 세계로부터 미륵보살이 막 도착하였는데, 선재동자가 법문을 청하자 미륵보살은 보리심과 보살도에 대해 아주 자상하고도 긴 법문을 설합니다.

이어 미륵보살이 손가락을 한 번 튕기자 대누각의 문이 열리었고, 선재동자에게 '들어가라'고 합니다. 누각 속에서 삼매에 든 선재는 엄청난 무량세계를 관찰할 수 있었고, 미륵보살의 전생과 신통력과 불가사의한 삼매의 경계를 모두 볼 수 있게 됩니다.

다시 미륵보살이 손가락을 한 번 튕기자 선재는 삼매에서 깨어났고, 누각의 모든 장엄도 사라져 버립니다.

"이 장엄했던 것들이 어디로 갔나이까?"

"왔던 데로 갔느니라."

"성인께서는 어디서 오셨습니까?"

"보살들은 오는 일도 가는 일도 없이 그렇게 오느니라. 다니는 일도 머무는 일도 없이 그렇게 오느니라. 보살은 크게 가엾이 여기는(大悲) 곳에서 오나니 중생을 교화하려는 까닭이요, 크게 인자한(大慈) 곳에서 오나니 중생을 구호하려는 까닭이니라……."

"태어난 곳은 어디입니까?"

"보살이 태어난 곳은 보리심이다. 보리심이 고향이다."

이러한 선재와 미륵보살과의 문답은 법문의 절정을 이룹니다. 마지막으로 미륵보살은 선재에게 말합니다.

"너는 옛날 나와 함께 도를 닦다가, 보리심을 잃은 사람들과 가족들을 제도하기 위해 대바라문의 집에 태어났다. 이제 이 생을 마치면 즉시 도솔천에 태어나서, 일체의 지혜를 이루고 보리를 얻어, 문수보살과 함께 나를 보게 되리라. 너는 다시 문수보살께 나아가서 거듭 보살행을 묻고 보현행을 닦아라."

미륵보살의 지시에 따라 선재동자가 보문국의 소마다

성에 나아가자, 두 번째로 친견하는 1-2)**문수보살文殊菩薩**(문수보살은 2번 만났으나 같은 인물이므로 53선지식으로 계산할 때는 한 번으로 침)은 멀리 110유순 밖에서 오른팔을 뻗어 정수리를 어루만져주며 말합니다.

　"장하도다, 선남자여. 만일 믿음의 뿌리(信根_{신근})가 깊지 않았던들 이와 같은 공행功行을 어떻게 성취하였으랴?"

　이어 문수보살은 선재가 법의 성품과 이치와 법문을 두루 알게 되었다는 것과, 근원까지 철저하게 관찰하고 증득하게 되었음을 천명합니다.

　그리고는 한량없고 끝없는 미묘한 법을 보여서 선재동자로 하여금 닦아 익히게 하고, 잠시 보현보살의 도량에 들어가게 하였다가, 신통력 모두를 거두어들이고는 홀연히 사라져 버립니다.

　마지막으로 53)**보현보살普賢菩薩**을 친견하기 전에 선재동자는 적정법문寂靜法門에 머물러 보현보살의 해탈 경계를 생각합니다. 그러자 보현보살이 비로자나불 앞에서 연화장 사자좌에 앉아 계시는 것이 보입니다.

　그때 보현보살은 온갖 신통을 보여주며 선재에게 묻습

니다.

　　"선남자여, 그대는 나의 신통을 보았느냐?"
　　"거룩하신 이여, 보았나이다."
　　"나는 과거 무수한 겁 동안 일체지를 구하면서 한 생각
도 부처님 법을 버리지 아니하였고, 불국토를 장엄하며
일체 중생을 구호하였다. 중생의 세계는 바로 나의 청정
불국토니라."

　　이 말을 할 때 보현보살의 모든 털구멍 속에서는 무수
한 부처님의 세계가 나타났습니다. 또한 선재동자가 스
스로를 돌아보았더니 자신이 보현보살의 털구멍 속에서
시방세계의 일체 중생을 교화하고 있었습니다.
　　그리고 그 털구멍 속에서 수없는 세계를 지나가고 머무
르면서, 보현보살과 평등하고 부처님과 평등하게 된 묘
각의 경지를 증득하였음을 스스로 깨닫습니다.
　　보현보살은 계속해서 부처님의 공덕을 게송을 찬탄하
는데, 그 중에는 다음과 같은 유명한 게송이 있습니다.

　　티끌처럼　많은 국토　마음으로　헤아리고
　　큰 바다의　모든 물을　남김없이　다 마시며

허공 능히 측량하고   바람들을   붙잡아도
부처님의   큰 공덕은   다 말할 수   없느니라

利塵心念可數知   찰진심념가수지

大海中水可飮盡   대해중수가음진

虛空可量風可繫   허공가량풍가계

無能盡說佛功德   무능진설불공덕

끝으로 보현보살은 이와 같은 공덕을 성취하기 위한 보살의 10가지 큰 원력에 대해 설합니다. 곧 보현보살 십대원입니다.

① 부처님들께 예경함이요〔禮敬諸佛〕

② 부처님을 찬탄함이요〔稱讚如來〕

③ 널리 공양함이요〔廣修供養〕

④ 업장을 참회함이요〔懺悔業障〕

⑤ 남이 짓는 공덕을 기뻐함이요〔隨喜功德〕

⑥ 설법하여 주시기를 청함이요〔請轉法輪〕

⑦ 부처님께서 세상에 머물기를 청함이요〔請佛住世〕

⑧ 항상 부처님을 따라 배움이요〔常隨佛學〕

⑨ 늘 중생을 수순함이요〔恒順衆生〕

⑩ 모든 공덕을 회향함이니라〔普皆廻向〕

사실 이 십대원의 공덕은 한량이 없습니다. 53선지식은 어떤 하나의 특별한 해탈을 이루고 있는데, 그 해탈을 가져다준 공덕의 대부분은 이 십대원 중에 한 가지를 열심히 실천함으로써 생겨난 것들입니다. 그만큼 이 보현보살의 십대원은 중요합니다.

이어 보현보살이 이 십대원을 외우는 이는 어떠한 세간을 다니더라도 장애가 없고, 불보살들이 칭찬하고, 인간과 천인들이 예경하고, 중생 모두가 공양하는 등의 열 가지 공덕이 있음을 설하였습니다.

이에 선재동자는 한없이 기뻐하였고, 보살들은 크게 즐거워하였으며, 부처님께서는 '잘했다'고 크게 찬탄하셨습니다.

이로써 선재동자의 친견 법회는 끝을 맺습니다.

그러나 「화엄경약찬게」에서는 이 보현보살과 함께 『화엄경』 7처9회의 법회와 연결시키고 있습니다. '보현보살 친견하여 큰 깨달음 이루었네'라 하지 않고, '**보현보살 친견하니 미진수의 대중들이**'라고 하여 다시 화엄법회로 귀결시키는 멋진 결론을 맺고 있는 것입니다.

곧 약찬게의 73~78게송으로 마무리를 짓는데, 이 게송들은 다음과 같습니다.

73. 어차법회운집래 於此法會雲集來

　　이 법회에 구름처럼 남김없이 모여 들어

74. 상수비로자나불 常隨毘盧遮那佛

　　어느 때나 비로자나 부처님을 따르나니

75. 어연화장세계해 於蓮華藏世界海

　　부처님은 저 광대한 연화장의 세계에서

76. 조화장엄대법륜 造化莊嚴大法輪

　　큰 법륜을 굴리시어 조화롭게 장엄하며

77. 시방허공제세계 十方虛空諸世界

　　시방허공 속에 있는 한량없는 세계에서

78. 역부여시상설법 亦復如是常說法

　　또한 다시 이와 같이 항상 설법 하고 있네

　법회에 모인 대중들이 연화장세계에서 언제나 화엄법륜을 굴리고 계신 비로자나불을 찬탄한 이 게송은 특별히 난해하거나 어려운 말이 없습니다. 그러므로 특별한 해석은 생략합니다.

스스로 감동을 주는 선지식이 되자

선재동자는 완전한 선지식이 되었습니다. '아뇩다라삼먁삼보리' 곧 위없는 바른 깨달음을 성취하였습니다. 문수보살로부터 보현보살까지의 53선지식을 찾아다니면서 깨달음의 도를 구하고 보살행을 닦아, 마침내 완전한 선지식이 된 것입니다.

우리 또한 이 선재동자를 본보기로 삼아, 선지식을 찾아다니고 선지식을 가까이 하여야 합니다. 그리고 스스로도 선지식이 되어야 합니다. 스스로가 선지식이 되어 다른 이들을 깨우쳐 가야 합니다.

선재동자가 찾아간 선지식을 통하여 알 수 있듯이, 꼭 많은 분야를 꿰뚫고 많은 중생을 구하는 선지식이 되라는 것이 아닙니다. 스스로 깨어나고 다른 이를 위하겠다는 원을 세워서, 향상의 길로 나아가는 사람은 누구나 선지식입니다.

말 한마디로 감동을 주는 이
멋진 노래 한 곡으로 감동을 주는 이
묵묵히 행동하며 감동을 주는 이
아름다운 미소로 감동을 주는 이

정성스러운 봉사로 감동을 주는 이

맡은 일에 최선을 다하여 감동을 주는 이

이 밖에도 추운 겨울에 훈기를 전하는 연탄을 배달하는 이, 거리를 청소하는 이, 교도소·복지관·병실 등에서 옆 사람을 잘 돌보는 이, 곰·사자·순록 등의 동물들과 우정을 나누는 이, 진정으로 환자를 위하고 살리고자 하는 의사, 온갖 정성을 다해 먹거리를 만드는 요리사, 깊은 감동의 시 한 편을 쓰는 시인, 심지어 가수가 되기 위해 각종 경연 무대에서 열정적으로 노래를 부르는 이 등등, 감동을 주고 행복감과 환희를 안겨주는 그들은 모두가 선지식입니다.

보다 분명하게 이야기하면, 감동! 감동을 불러일으키고 감동을 주는 이들이 진정한 선지식입니다.

의미를 두고 있고 관심을 두고 있는 것을 꾸준히 개발하여, 다른 이에게 감동을 주는 선지식이 될 수 있어야 합니다. 그것이 내 속에 갈무리[藏]되어 있는 여래인 여래장如來藏을 발현하고, 불성을 발현시키는 참된 불자의 삶이라는 것을 꼭 기억하시기 바랍니다.

부디 온기 있고 훈기 있고 감동이 있는 사람이 되어, 나와 남을 함께 살리고 살아나는 감동의 세계로 함께 나아가기를 두 손 모아 축원 드립니다.

나무내방광불화임경

Ⅳ
화엄경 39품의 품명과 주제

1. 제1에서 제6 법회까지의 가르침

39품의 개요

「화엄경약찬게」의 해설도 막바지에 이르고 있습니다.

총 108게송으로 이루어진 「화엄경약찬게」 중 78게송은 이미 풀이하였고, 이제 30게송만을 남기고 있습니다. 30게송 중 26게송에서는 『화엄경』 총 39품의 품명品名 하나하나씩을 열거하고 있으며, 마지막 4게송은 유통분流通分으로 이 약찬게를 수지할 때 얻게 되는 대공덕을 설하고 있습니다.

앞에서 간략히 살펴보았듯이, 80권 『화엄경』은 7처七處(일곱 곳)에서 9회九會(아홉 번의 법회)를 열어, 부처님의 깨달음과 십신·십주·십행·십회향·십지·등각·묘각까지의 52위位(52가지 수행 단계)에 관한 것들을 총 39품(39가지 제목)으로 엮어 놓은 경전입니다. 이를 도표화하면 다음과 같습니다.

9회	7처	39품	품의 수	법문내용
제1회	보리도량	1~6품	6품	부처님 찬탄
제2회	보광명전	7~12품	6품	십신 법문
제3회	도리천궁	13~18품	6품	십주 법문
제4회	야마천궁	19~22품	4품	십행 법문
제5회	도솔천궁	23~25품	3품	십회향 법문
제6회	타화자재천궁	26품	1품	십지 법문
제7회	보광명전	27~37품	11품	등각 법문
제8회	보광명전	38품	1품	묘각 법문
제9회	서다원림	39품	1품	선재 구법

「화엄경약찬게」의 79와 80게송은 9회의 각 법회마다 몇 품씩을 설하고 있는지를 먼저 밝히고 있습니다.

〔『화엄경』은 7처 9회 법회에서 39품 설했나니〕

79. 육육육사급여삼 六六六四及與三

　　일이삼회　각6품에　사회4품　오회3품

80. 일십일일역부일 一十一一亦復一

　　육회1품　칠회11품　팔구1품　씩이로다

[표]에서도 각 품의 수를 표시해 놓았듯이, 제1회와 제2회와 제3회는 각 6품씩(18품), 제4회는 4품, 제5회는 3

품, 제6회는 1품, 제7회는 11품, 제8회와 제9회는 각 1품 (2품). 모두를 더하면 총 39품이 됩니다.

이들 39품의 이름은 81번 게송부터 차례대로 나오므로, 따로 표기하지 않겠습니다.

제1회 법회의 품명

〔제1 보리도량 법회에서 6품을 설하시니〕

81. 세주묘엄여래상 世主妙嚴如來相
    제1 세주묘엄품과 제2 여래현상품

82. 보현삼매세계성 普賢三昧世界成
    제3 보현삼매품과 제4 세계성취품

83. 화장세계노사나 華藏世界盧舍那
    제5 화장세계품과 제6 비로자나품을

이상의 3게송 6품은 제1회 보리도량에서 설한 것으로, 보리도량은 부처님께서 위없는 깨달음을 얻으신 보리수 아래의 도량을 가리킵니다.

제1회 6품에서 중점을 두고 있는 사항은

①『화엄경』청법대중의 특징

②『화엄경』을 설하게 된 인연

③ 연화장세계는 어떻게 성취되었는가?

④ 어떻게 하여 비로자나불이 되셨는가? 등입니다.

제1 세주묘엄품世主妙嚴品 : 『화엄경』을 설하게 된 인연을 밝힌 품으로, 39품 전체의 서분序分에 해당합니다. 이 품의 '세주묘엄'은 '세상의 주인공들이 훌륭하게 장엄한다'는 뜻으로, 세상의 주인공으로는 앞의 〈화엄경 운집대중〉에서 살펴본 금강신에서부터 대자재천왕까지의 39류 화엄성중과 보현보살을 합친 40대중입니다. 이들은 모두 한 세계의 주인공인 세주世主들로, 각자가 성취한 해탈의 경지에서 부처님의 세계를 찬탄하고 있습니다.

제2 여래현상품如來現相品 : 모인 대중이 근본 법륜에 대한 설법을 청하자 여래(부처님)께서 이에 응답하는 표시로, 입에서 광명을 발하여 한량없는 세계와 무수한 불보살들을 보여주고, 미간의 광명으로 설법할 주인공들을 골고루 비추고, 백호의 광명으로 『화엄경』의 근본이 부처님으로부터 나오는 것임을 나타냅니다. 이 품에는 여래의 세계를 보여주는 유명한 게송이 있습니다.

법계에 충만하여 계신 부처님 佛身充滿於法界 불신충만어법계
일체 중생 앞에 널리 나타나시니 普現一切衆生前 보현일체중생전
인연 따라 어디에나 두루하지만 隨緣赴感靡不周 수연부감미부주
언제나 이 보리좌에 앉아 계시도다 而恒處此菩提座 이항처차보리좌

대웅전 주련에서 쉽게 볼 수 있는 이 게송은, 우리가 '보리심을 발하게 되면 어디에나 계신 부처님이 감응하시어 모습을 나타내고 구제하여 주신다'는 것을 깨우쳐주고 있습니다.

제3 보현삼매품普賢三昧品 : 보현보살은 여래의 장자로, 각 회마다 설법하는 설주 중에서도 가장 대표적인 설주입니다. 보현보살은 삼매에 들어 설법의 준비가 갖추어졌음을 일러주고 있습니다.

또한 이 삼매가 부처님의 위신력威神力으로, 비로자나불의 본원력本願力으로, 보살들의 선근력善根力으로 이루어진 것임을 밝히고 있습니다. 이 삼매 속에서 부처님들로부터 갖가지 지혜를 얻고 대중들의 근기를 관찰하여 법을 설한다는 것입니다.

제4 세계성취품世界成就品 : 보현보살이 부처님의 위신력

을 받들어 부처님이 계신 불국토와 모든 세계들을 그려 냅니다. 그리고 이 모든 세계가 중생의 업행業行과 보살의 원행願行, 부처님의 위신력 등이 합하여져서 성취되었음을 명쾌하게 설합니다.

제5 화장세계품華藏世界品 : 보현보살은 화장장엄세계가 비로자나불께서 오랜 세월 동안 보살도를 닦을 때 부처님을 친견하고 큰 서원을 닦아서 깨끗하게 장엄한 세계라고 밝힙니다.

이어 이 세계의 가장 아래쪽에는 풍륜風輪이 있고, 그 위에 큰 철위산이 있으며, 철위산 안의 금강으로 된 땅 위에는 향수해香水海라는 바다가 있는데, 이 향수해 가운데에 화장장엄세계, 곧 연화장세계가 있다고 설합니다.

제6 비로자나품毘盧遮那品 : 보현보살이 비로자나불의 과거생 인연을 설하고 있습니다. 비로자나불이 과거세에 대위광大威光 태자로 있었을 때 큰 원을 세워 불보살님을 섬기고, 부처님들의 ① 삼매와 ② 다라니 ③ 반야바라밀 ④ 대자大慈 ⑤ 대비大悲 ⑥ 대희大喜 ⑦ 대사大捨 ⑧ 대신통 ⑨ 대원 ⑩ 변재辯才(말재주)를 얻었습니다.

그 뒤 대위광태자는 여러 부처님을 친견하고 공양하면

서 법문을 들었고, 장차 부처가 되리라는 수기를 받았으며, 마침내 비로자나불이 되었다는 내용이 자세히 설하여져 있습니다.

제2·제3 법회의 품명

〔제2 보광명전 법회에서는〕

84. 여래명호사성제 如來名號四聖諦

　　제7은 여래명호품 제8은 사성제품

85. 광명각품문명품 光明覺品問明品

　　제9는 광명각품 제10은 보살문명품이요

86. 정행현수수미정 淨行賢首須彌頂

　　제11 정행품 제12 현수품 등 6품을 설했으며

〔제3 도리천궁 법회에서는〕 제13 수미산정품과

87. 수미정상게찬품 須彌頂上偈讚品

　　제14 수미정상게찬품을 설한 다음

88. 보살십주범행품 菩薩十住梵行品

　　제15 보살십주품과 제16 범행품

89. 발심공덕명법품 發心功德明法品

제17 초발심공덕품과 제18 명법품을 설했도다

제2회 설법은 보광명전普光明殿(광명이 두루한 궁전)에서 개최되었는데, 사찰에서 비로자나불을 모신 전각을 '보광명전'이라고 한 까닭이 여기에서 기인하고 있습니다. 이 보광명전 법회의 6품(7~12품)에서는 믿음[信]에 대해 설법하고 있는데, 설주 문수보살은 대지혜로

① 무엇을 믿을 것인가?

② 믿음의 대상과 믿음의 내용은 무엇인가?

③ 어떤 의심이 있을 수 있고

④ 그 의심을 어떻게 해야 없앨 수 있는가?

⑤ 믿으면 어떻게 되고 어떤 이익이 있는가?

등을 자세히 설하여 중생의 신심을 성취시켜주고 있습니다.

제7 여래명호품如來名號品 : '무엇을 믿을 것인가?' 이것은 참으로 중요한 명제요 출발점입니다. 『화엄경』에서는 부처님의 삼업三業이 한량없음을 믿어야 한다고 강조하고 있는데, 이 여래명호품에서는 부처님의 신身·구口·의意 삼업 중 **신업身業**(행위의 업)**의 한량없음**을 믿어야 한다고 가르치고 있습니다.

곧 부처님께서는 중생의 근기에 맞추어 갖가지 모습을 나타내는데, 그 신업의 특별한 작용이 여래의 명호 속에 잘 나타나 있으므로 '여래명호품'으로 제목을 붙이게 되었다고 합니다.

제8 사성제품四聖諦品 : 중생의 욕망이 각각 다르므로 부처님의 설법도 다양합니다. 여기에서는 문수보살이 시방의 모든 세계에서 사성제를 부르는 이름이 제각기 다른 것을 예로 들어, 부처님께서 입으로 교화하는 구업口業의 한량없음을 보여주고 있습니다.

고苦·집集·멸滅·도道의 사성제는 네 가지 성스러운 진리라는 말입니다. 그 네 가지는 인생과 세계의 본질이 괴로움이라는 고성제, 괴로움의 원인이 탐욕과 집착에 있다는 집성제, 탐욕과 집착을 없애면 괴로움이 없는 열반의 세계에 이르게 된다는 멸성제, 열반에 이르기 위해서는 팔정도를 실천해야 한다는 도성제입니다.

사성제품에서는 이 고·집·멸·도의 하나하나에 각각 열 가지 이름을 부여하여 사성제를 보다 심도 있게 깨닫도록 하고 있습니다.

제9 광명각품光明覺品 : '부처님의 광명으로 깨닫게 하는

품'이라는 뜻입니다. 부처님께서 두 발바닥에서 광명을 발하사 여러 보살들이 나타나 부처님의 의업意業에 의해 이루어지는 한량없는 세계를 찬탄합니다.

이상의 3품을 통하여 부처님의 신·구·의 삼업이 한량 없음을 설하였는데, 우리는 여기에서 '발바닥 광명'에 대해 주목할 필요가 있습니다. 발바닥은 어디에 있습니까? 몸 가운데 가장 아래쪽입니다. 가장 아래쪽인 발바닥은 출발점으로, 믿음〔信〕이 가장 먼저 갖추어야 할 바탕이 된다는 것을 나타내고 있으며, 부처님의 삼업이 한량없다는 것을 믿는 신심이야말로 부처님의 경지에 이르는 근본임을 발바닥 광명으로 상징하고 있습니다.

제10 보살문명품菩薩問明品 : 보살이 질문하고 밝아지는 품이라는 뜻입니다.

이 품에서는 문수보살이 각수보살·재수보살 등 수首자 돌림의 아홉 보살에게 ① 연기緣起 ② 교화 ③ 업과業果 ④ 설법 ⑤ 복전福田 ⑥ 정교正敎(바른 가르침) ⑦ 정행正行 (바른 행) ⑧ 조도助道(돕는 수행) ⑨ 일승一乘 ⑩ 불경계佛境 界에 대해 묻고 답하면서 신심을 개발하도록 이끌어주고 있습니다.

이 품에는 새겨야 할 멋진 게송들이 많은데, 그중 두 가지만 소개합니다.

남의 보배를 아무리 열심히 세어도　　如人數他寶
스스로에게는 반 푼도 오지 않는다　　自無半錢分
법 또한 닦고 행하지 않으면서　　　　於法不修行
많이 듣기만 하면 이와 같으니라　　　多聞亦如是

불자들이 법문을 많이 듣고도 해탈하지 못하는 것은, 듣기만 하였지 실행하지 않았기 때문입니다. 마치 은행 직원이 아무리 많은 돈을 만져도 자신의 돈이 되지 않는 것처럼….

문수여 법은 항상 그러하며　　　　　文殊法常爾
법왕께는 오직 한 법뿐이라오　　　　法王唯一法
일체에 걸림 없는 사람은　　　　　　一切無碍人
한 길로 생사를 벗어난다오　　　　　一道出生死

원효대사가 저잣거리에서 대중을 교화할 때, 박을 치며 불렀던 〈무애가〉가 바로 이 게송 뒷부분의 '일체무애인 일도출생사'입니다.

제11 정행품淨行品 : 어떻게 하여야 몸과 말과 뜻으로 짓는 삼업三業을 수승하게 할 수 있는지에 대해 지수보살이 문수보살께 묻습니다. 이에 문수보살은 '마음을 잘 쓰라 〔善用其心 (선 용 기 심)〕'고 합니다. 마음을 잘 쓰면 빼어난 공덕을 성취하여 부처님의 도에 머물게 된다는 것입니다.

그리고 140수의 게송으로, 보살이 삶 속에서 중생들에게 어떠한 마음가짐을 가져야 하는지를 자세히 설하고 있습니다. 두 가지만 소개하겠습니다.

만약 보시를 할 때는   若有所施 (약 유 소 시)

마땅히 원하기를 중생 모두가   當願衆生 (당 원 중 생)

모든 것을 능히 버려서   一切能捨 (일 체 능 사)

마음의 애착이 없어지이다   心無愛着 (심 무 애 착)

스스로 부처님께 귀의할 때는   自歸於佛 (자 귀 어 불)

마땅히 원하기를 중생 모두가   當願衆生 (당 원 중 생)

불종자를 크게 이을 수 있도록   紹隆佛種 (소 융 불 종)

위없는 뜻을 내어지이다   發無上意 (발 무 상 의)

제12 현수품賢首品 : 정행품에서는 청정행의 대공덕을 설한 문수보살이 다시 보리심의 공덕을 보이기 위해 현수보살에게 수행 공덕을 설하게 합니다. 이에 현수보살은 357수의 게송으로 신심의 공덕을 찬탄합니다. 여기에도 우리가 익히 알고 있는 유명한 게송이 있습니다.

믿음은 도의 근원이요 공덕의 어머니 　信爲道源功德母
일체의 선근들을 길이길이 길러내며 　長養一切諸善根
의심의 그물 끊고 애착의 삶 벗어나 　斷除疑網出愛流
열반의 위없는 도를 열어 보인다네 　開示涅槃無上道

그리고 이 현수품에서는 신심이 성취되면 삼매 중의 으뜸인 해인삼매海印三昧를 얻게 된다는 것에 대해서도 많은 지면을 할애하여 자세히 설명하고 있습니다.

이상과 같이 **제2회 보광명전 법회**에서는 부처님의 무량한 위신력 아래, 믿음의 공덕들을 잘 새겨 모든 의심을 타파하고, 마음을 잘 쓰면서 원을 세우고 확고한 믿음을 정립해 나가도록 이끌어주고 있습니다.

제3회 6품은 수미산 꼭대기에 있는 **도리천**의 제석천궁에서 법혜보살이 **십주법문**을 설하고 있습니다. 이 6품에서 중점을 두고 있는 사항은

① 보살의 십주十住는 어떠한 위치이며
② 십주의 보살행은 어떤 것늘인가?
③ 발심의 인因과 연緣은 무엇이며
④ 초발심시변정각初發心時便正覺이란 어떠한 경지인가?
⑤ 무엇이 범행梵行이며
⑥ 화엄의 관행법觀行法은 무엇인가?
등을 꼽을 수 있습니다.

제13 승수미산정품昇須彌山頂品 : 제3회 첫 품인 승수미 산정품은 부처님께서 보리수 아래를 떠나지 않은 채 수미 산 정상의 제석천궁으로 올라가자, 제석천왕이 멀리서 보고 궁전을 새롭게 꾸민 다음 사자좌를 놓아 부처님을 맞이하는 것으로부터 시작됩니다.

부처님께서 이 사자좌에 결가부좌를 하고 앉으시자 시방세계 모든 곳에 그와 똑같은 모습이 나타나게 되는데, 이것이 바로 '하나가 곧 일체'라는 일즉일체一卽一切의 경계를 보여주신 것입니다.

제14 수미정상게찬품須彌頂上偈讚品 : 부처님께서 두 발가락에서 광명을 발하여 수미산 꼭대기를 비추자, 제석천궁 안의 대중들 모두가 그 속에 나타납니다. 그때 법혜·

정진혜 등 혜慧 자 돌림 보살 열 분이 부처님의 공덕을 게
송으로 찬탄합니다.

일체의 법은 나지도 않고   일 체 법 무 생
一切法無生

일체의 법은 멸하지도 않는다   일 체 법 무 멸
一切法無滅

만약 능히 이와 같음을 알면   약 능 여 시 해
若能如是解

부처님들께서 늘 앞에 나타나노라 제 불 상 현 전
諸佛常現前

이것이 이 품의 대표적인 게송이며, 또 신라의 자장율사
가 오대산에서 기도하여 문수보살로부터 받았다는 다음
의 게송도 이 품에 수록되어 있습니다.

알지어다 모든 법에   요 지 일 체 법
了知一切法

자성이 없음을   자 성 무 소 유
自性無所有

이렇게 법성을 깨우쳐 알면   여 시 해 법 성
如是解法性

곧 노사나불을 뵈오리라   즉 견 노 사 나
卽見盧舍那

제15 십주품十住品 : 법혜보살이 부처님의 가피력으로 무
량방편삼매에 들었다가 깨어나, 보살의 십주十住 경지에
대해 설법하는 품으로, 십주는 다음과 같습니다.

① 청정한 지혜를 얻겠다고 결심하는 발심주發心住

② 마음자리를 청정하게 다스리는 치지주治地住

③ 지혜로 법의 실상을 관찰하고 수행하는 수행주修行住

④ 부처님의 청정한 성품을 간직하는 생귀주生貴住

⑤ 중생을 위한 방편을 갖추는 구족방편주具足方便住

⑥ 지혜로 바른 마음자리에 머무는 정심주正心住

⑦ 마음이 확고해져서 뒤로 물러서지 않는 불퇴주不退住

⑧ 아이와 같은 천진무구함을 갖추는 동진주童眞住

⑨ 법왕의 행위가 무엇인지를 아는 법왕자주法王子住

⑩ 왕자가 관정을 하여 왕이 되듯이, 보살이 일체 지혜를 완성하리라 인정을 받는 관정주灌頂住

제16 범행품梵行品 : 범행보살의 청정한 행위, 성스러운 행위입니다. 이 범행을 닦을 때는 열 가지 법을 기준으로 삼는데, 열 가지는

① 몸[身] ② 몸의 업[身業] ③ 말[口] ④ 말의 업[口業]

⑤ 뜻[意] ⑥ 뜻의 업[意業]의 여섯 가지에, ⑦ 불 ⑧ 법

⑨ 승 ⑩ 계율의 넷을 합한 것입니다.

이 열 가지를 잘 관찰하여 집착을 떠나고 평등함을 이루면, 지혜와 자비가 원융하여 처음 발심한 그 자리에서 깨달음을 이룬다는 것을 밝히고 있습니다.

제17 초발심공덕품初發心功德品 : 법혜보살이 제석천왕의 질문을 받고, 보살이 처음 발심한 때의 초발심공덕이 광대하고 끝이 없고 헤아릴 수 없다는 것을 아주 자세하게 설하고 있습니다. 유명한 '초발심시변정각初發心時便正覺', '처음 보리심을 발했을 때 문득 부처님의 바른 깨달음에 들어간다'는 말이 여기에서 비롯됩니다.

제18 명법품明法品 : 이 품에서는 보시·지계·인욕·정진·선정·반야의 육바라밀에 방편方便·원顧·역力·지智의 네 가지 바라밀을 더한 십바라밀을 닦고 익혀 보살행을 청정하게 해야 한다는 것을 밝히고 있습니다.

제4에서 제6 법회의 품명

〔제4 야마천궁에서는〕

90. 불승야마천궁품 佛昇夜摩天宮品
    제19 승야마천궁품과

91. 야마천궁게찬품 夜摩天宮偈讚品
    제20 야마천궁게찬품을 설한 다음

92. 십행품여무진장 十行品與無盡藏
제21 십행품과 제22 십부진장품 설했도다

제4회 야마천에서 이루어진 법회의 내용은 제19 승야마천궁품부터 제22 십무진장품까지입니다. 설주는 공덕림보살이며 십행十行에 대해 설하고 있습니다.

제19 승야마천궁품昇夜摩天宮品 : '승야마천궁'은 부처님께서 보리수 아래와 수미산 꼭대기를 떠나지 않고 야마천궁의 보장엄전으로 올라갔다는 뜻입니다. 이때 야마천왕은 보련화장사자좌를 만들어 부처님을 맞이하고, 부처님의 선근과 길상을 게송으로 찬탄합니다.

제20 야마천궁게찬품夜摩天宮偈讚品 : 부처님께서는 이 야마천궁에서 두 발등으로부터 방광을 하여 시방세계를 비추었습니다. 그러자 공덕림보살을 비롯한 수많은 보살들이 부처님의 위신력과 공덕과 지혜에 대해 비유를 들어서 게송으로 설합니다. 그 중 각림보살의 10게송은 '유심게唯心偈'가 널리 알려져 있는데, 특히 유명한 두 게송을 소개합니다.

마음은 능숙한 화가와 같아서   심 여 공 화 사 心如工畫師

능히 모든 세간을 다 그려 낸다   능 화 제 세 간 能畫諸世間

오온은 모두 마음에서 생겨나며   오 온 실 종 생 五蘊悉從生

만들지 못하는 것이 없도다   무 법 이 부 조 無法而不造

만약 어떤 사람이   약 인 욕 요 지 若人欲了知

삼세의 모든 부처 알고자 한다면   삼 세 일 체 불 三世一切佛

마땅히 법계의 본성을 관찰하라   응 관 법 계 성 應觀法界性

마음이 모든 것을 만들었음을!   일 체 유 심 조 一切唯心造

일체유심조! 좋고 나쁘고 성하고 쇠하고 즐겁고 슬픈 세상 모든 일들은 밖에서 오는 것이 아니라, 우리의 마음이 짓는 것임을 천명한 『화엄경』의 대표 게송입니다.

또 하나 주목해야 할 구절이 있습니다.

"마음과 부처와 중생, 이 셋은 차별이 없다."

心佛及衆生 是三無差別   심불급중생 시삼무차별

이는 내 마음을 깨달으면 부처요, 내 마음이 미하면 중생임을 분명히 밝힌 게송으로, 모든 것이 본래 마음에 갖추어져 있기 때문에 밖에서 찾아서는 안 된다는 것을 일깨워주고 있습니다.

제21 십행품十行品 : 십행품은 공덕림보살이 선정에 들었다가 깨어나서 보살의 열 가지 행을 말씀하신 부분으로, 십행十行은 다음과 같습니다.

① 보시를 통하여 중생을 기쁘게 하는 환희행歡喜行
② 계율을 잘 지켜 중생을 이롭게 하는 요익행饒益行
③ 인욕으로 중생을 거스르지 않는 무위역행無違逆行
④ 굽힘 없이 꾸준히 정진하는 무굴요행無屈撓行
⑤ 선정이 깊어 어리석고 산란함이 없는 이치란행離癡亂行
⑥ 반야의 광명이 잘 나타나도록 하는 선현행善現行
⑦ 방편으로 중생을 포섭하되 집착이 없는 무착행無着行
⑧ 얻기 어려운 원願을 성취하게 하는 난득행難得行
⑨ 힘〔力〕을 얻어 법을 잘 설하는 선법행善法行
⑩ 지혜〔智〕로 참된 결실을 이루는 진실행眞實行

곧 이 십행에서는 보살의 십바라밀행인 보시·지계·인욕·정진·선정·반야·방편·원·력·지를 차례로 행하도록 가르치고 있습니다.

제22 십무진장품十無盡藏品 : 무진장이란 '다함이 없다'는 뜻입니다. 여기에서는 열 가지 다함이 없는 행상行相을 가리킵니다. 열 가지 다함 없는 무진행상은 믿음[信]·계율[戒]·참회[懺]·참괴[愧]·들음[聞]·베풂[施]·지혜[慧]·지님[持]·신념[念]·변재[辯]이며, 이를 잘 설하여 보살들로 하여금 무상보리를 성취할 수 있게 이끌어주라는 것입니다.

〔제5 도솔천궁 법회에서는〕

93. 불승도솔천궁품 佛昇兜率天宮品

　　제23 승도솔천궁품

94. 도솔천궁게찬품 兜率天宮偈讚品

　　제24 도솔천궁게찬품을 설한 다음

95. 십회향급십지품 十廻向及十地品

　　제25 십회향품을 설하여 마쳤으며

〔제6 타화자재천 법회에서는〕 제26 십지품을 설했도다

제23 승도솔천궁품昇兜率天宮品 : '승도솔천궁'은 부처님께서 보리수 아래를 떠나지 않고 욕계 제4천인 도솔천궁에 올라갔다는 것으로, 이곳의 도솔천왕은 마니장사자좌를 마련하여 부처님을 영접합니다.

제24 도솔천궁게찬품兜率天宮揭讚品 : 이 품에서는 수많은 보살이 부처님 계신 곳에 이르사, 부처님께서는 두 무릎에서 방광을 하여 시방세계를 비춥니다. 이에 금강당보살을 비롯한 당幢 자 돌림의 십대보살이 게송으로 부처님 세계를 찬탄합니다.

색신은 부처가 아니요

음성 또한 그러하다

그러나 색신과 음성을 떠나서는

부처님의 신통력을 보지 못한다

색 신 비 시 불
色身非是佛
음 성 역 부 연
音聲亦復然
역 불 리 색 성
亦不離色聲
견 불 신 통 력
見佛神通力

이는 금강당보살이 찬탄한 게송으로, 몸뚱이와 음성이 부처가 아니라고 한 앞부분은 『금강경』의 사구게들과 비슷합니다. 그러나 뒷부분에서 '색신과 음성을 떠나서는 부처님의 행을 보지 못한다'고 함으로써, 법신과 색신이 불이不二의 관계에 있음을 천명하고 있습니다.

제25 십회향품十廻向品 : 회향은 '자신의 것을 돌이켜서 남 또는 다른 곳으로 향하게 한다[廻自向他]' 또는 '진리로 향하는 마음을 돌이켜서 세속으로 향하게 한다[廻眞向所]'는 뜻을 지니고 있습니다.

    보살은 선근공덕을 짓습니다. 그 공덕을 자기 혼자만 누리는 것이 아니라 다시 중생들에게 나누어주는데, 이것이 바로 회향입니다. 물론 자기가 지은 공덕을 잘 회향하면 공덕은 점점 더 불어나게 됩니다.

    십회향품에서는 금강당보살이 회향하는 마음가짐에 대해 열 가지를 설하고 있습니다.

① 중생이라는 생각 없이 중생을 구제함
② 깨뜨릴 수 없는 믿음을 중생에게 돌려 이롭게 함
③ 스스로가 지은 공덕으로 중생을 이롭게 함
④ 닦은 선근이 한량없는 세계에 충만하게끔 회향함
⑤ 지은 공덕을 모두 돌려 불국토를 장엄하고자 함
⑥ 온갖 보시를 행하여 중생을 교화하고 그 공덕을 중생들이 청정보리의 행을 닦는 데로 회향함
⑦ 육바라밀을 닦은 공덕으로 중생이 편안한 곳에서 일체지를 얻는 데로 회향함
⑧ 닦은 모든 선근을 중생이 대승의 보살행을 맑게 닦는 데로 회향함
⑨ 스스로가 보현보살의 광대한 행원을 닦아 그 공덕을 중생들에게로 향하게 함
⑩ 닦은 청정한 복으로 평등한 법계에 회향하여 모든 중

생을 진리의 세계에 들게 함

이들 열 가지 중 ①~③은 자기가 지은 선근공덕을 다른 중생에게 회향하여 이익을 주려는 중생회향衆生廻向이고, ④~⑥은 지은 모든 선근공덕을 보리의 과덕果德을 얻는 데로 돌리는 보리회향菩提廻向이며, ⑦~⑩은 닦은 선근공덕을 중생들이 열반의 도를 얻는 데로 돌리는 실제회향實際廻向에 속합니다.

이 십회향은 원願의 성격이 강하여 십회향원十廻向願이라 불리기도 합니다.

우리도 회향을 잘하는 불자가 되어야 합니다. 회향을 잘하면 작은 공덕이 점점 커져 무량공덕으로 바뀌고, 나 혼자만이 아니라 가족·친구·이웃·인연중생 모두가 함께 편안해지는 행복의 문이 저절로 열리게 됩니다. 이 좋은 회향을 어찌 하지 않을 것입니까?

2. 십지·등각·묘각의 가르침

십지품의 가르침

〔제6 타화자재천에서는〕 제26 십지품을 설했도다

제26 십지품十地品 : 제6 타화자재천궁 법회에서는 오직 십지품만을 설하였는데, 이 십지품은 『화엄경』에서 가장 중요한 품이므로 조금 길게 이야기하겠습니다. 이 십지十地의 각 지위에서 성취하고 완성하고 나타내는 경지를 간략히 요약하면 다음과 같습니다.

① 환희지歡喜地는 보살이 열 가지 원을 성취하고 보시섭^{布施攝}과 보시바라밀을 완성하여 기쁨이 넘치는 지위입니다.
② 이구지離垢地는 십선업^{十善業}을 행하고 애어섭^{愛語攝}과 지계바라밀을 완성하여 모든 번뇌의 때를 떠나는 지위입니다.
③ 발광지發光地는 삼법인^{三法印}을 관하고 이행섭^{利行攝}과 인욕바라밀을 이루어 지혜광명이 나타나기 시작하는 지위입니다.

④ 염혜지焰慧地는 삼십칠조도품을 닦고 동사섭同事攝과 정진바라밀을 완성하여 불꽃처럼 지혜를 발하는 지위입니다.

⑤ 난승지難勝地는 참기 어려운 일을 이겨내고 사성제四聖諦와 선정바라밀을 완성하는 지위입니다.

⑥ 현전지現前地는 십이연기十二緣起를 관하고 반야바라밀을 성취하여 있는 그대로의 지혜가 앞에 펼쳐지는 지위입니다.

⑦ 원행지遠行地는 방편方便바라밀을 닦아 지혜를 멀리까지 미치게 하는 지위입니다.

⑧ 부동지不動地는 원願바라밀을 완성하고 무생법인無生法忍을 얻어 집착과 동요함이 없어진 지위입니다.

⑨ 선혜지善慧地는 역力바라밀을 완성하여 중생들을 위해 지혜롭게 자유자재로 설법하는 지위입니다.

⑩ 법운지法雲地는 큰 법의 구름으로 대법우大法雨를 내려 중생들로 하여금 청량을 얻게 하는 지위입니다.

수행의 단계를 하나하나 친절하게 설명해 나가고 있는 이 십지품 가운데 특히 중요한 지위는 제1 환희지, 제6 현전지, 제10 법운지입니다.

환희지는 십지의 첫 단계이지만, 여기에 이르기 위해서는 십신十信·십주十住·십행十行·십회향十迴向의 40계단을 밟고 올라가야 합니다. 이 환희지를 '도를 본 자리[見견

道位^{도 위}'라고 하는데, 불교의 대환희를 처음으로 만끽하는 단계입니다.

부처가 된 것은 아니지만 부처님 땅에 도착했다는 환희로움, 선종에서 말하는 견성見性의 기쁨, 타종교에서 말하는 구원의 흥분이 여기에 해당합니다. 이를 일상의 삶에서 바라본다면 깊은 환희심 속에서 모든 것에 대해 감사하는 마음으로 살아가는 경지입니다.

이 제1 환희지에서 차례로 향상하여 제6 현전지에 이르면 반야의 지혜가 완성됩니다. 곧 제1부터 제6까지는 자리自利와 자각自覺을 완성시켜 가는 과정입니다.

그리고 제7부터 제10까지의 방편·원·력·지바라밀을 통하여 이타利他를 완성하는데, 그때 도달하는 자리가 제10 법운지로, 그 앞쪽에는 부처의 경지가 놓여 있습니다.

그런데 옛부터 제6 현전지에서 완성되는 지혜를 혜慧라 하고, 제10 법운지에서 완성되는 지혜를 구경의 원만한 지혜인 지智로 구분하고 있습니다.

'지혜 혜慧'와 '지혜 지智'. 이 둘이 다 지혜인데 어떻게 다르다는 것인가?

제6 현전지의 지혜〔慧^혜〕는 반야입니다. 그 반야의 지혜를 이루기 위해 보시·지계·인욕·정진·선정을 행합니다. 그리하여 마침내 있는 그대로를 보는 제6 현전지의 반야를 승득한 것입니다.

그리고 반야의 지혜가 원만해졌으니 이번에는 중생 제도를 위해 갖가지 방편을 베풀고 원을 세우고 힘을 길러 마침내 제10 법운지의 지혜(智^지)를 완성합니다.

이 둘을 조금 더 엄밀히 구분하면 제6 현전지의 혜慧는 자리自利를 완성한 '반야바라밀'이요, 제10 법운지의 지智는 이타利他까지를 모두 갖춘 '마하'반야바라밀이라 할 수 있습니다.

바로 혜[般若^{반야}]가 완성되면 자비로 옮아가는 것이 당연한 귀결임을 보여주고 있는데, 이 지智(마하반야) 가운데에는 안타까워하는 마음인 비悲, 곧 부처님의 사랑인 대비大悲가 넘쳐흐르고 있습니다.

진정한 대지혜는 자비의 실천에서 나오고, 대자비를 품은 지혜라야 부처님의 경지에 도달할 수 있음을 간접적으로 깨우쳐주고 있습니다.

"반야의 완성은 대자비로 이어지고, 대자비의 완성은 마하반야로 이어진다. 대지혜와 대자비가 하나로 된 후에야 온전한 자리에 이르게 된다."

또 『화엄경』에서는 이 십지의 경지를 바다의 열 가지 특징에 비유하여 이해시키고자 하고 있습니다.

① 바다는 점점 더 깊어진다.
② 바다는 송장을 받아주지 않는다.
③ 바다로 들어가면 모든 물은 본래의 이름을 잃는다.
④ 바닷물은 모두가 한 맛이다.
⑤ 바다에는 한량없는 보물이 있다.
⑥ 바다의 깊은 바닥까지는 이르기 힘든다.
⑦ 바다는 넓고 커서 한량이 없다.
⑧ 바다에는 큰 동물이 산다.
⑨ 바다의 밀물 썰물은 때를 어기지 않는다.
⑩ 바다는 아무리 큰비가 와도 넘치지 않는다.

이를 『화엄경』의 십지와 연결시켜 봅시다.

① 환희지에 이르면 자리이타의 원(願)이 점점 더 깊어지고
② 이구지의 바다는 계를 파한 송장을 받아주지 않으며
③ 발광지에 이르면 세속의 이름을 떠나 법인(法印)을 얻게 되고
④ 염혜지에서는 닦는 모든 수행법이 일승의 한 맛이 되고
⑤ 난승지에 이르면 방편과 신통의 보배들이 나타나며

⑥ 현전지에 이르면 깊은 모든 이치를 바닥까지 관찰하고

⑦ 원행시에 이르면 방편력이 넓고 커서 한량이 없게 되고

⑧ 부동지에 이르면 무생법인을 이룬 큰 인물이 되고

⑨ 선혜지에 이르면 때에 맞추어 중생을 잘 교화하고

⑩ 법운지에 이르면 아무리 큰 법을 받아도 넘치지 않게
    된다는 것 등을 바다에 비유하여 설명하고 있습니다.

제7에서 제9 법회의 품명

〔제7 보광명전 법회에서는〕

96. 십정십통십인품 十定十通十忍品
    제27 십정품과 제28 십통품과 제29 십인품

97. 아승지품여수량 阿僧祇品與壽量
    제30 아승지품과 제31 여래수량품

98. 보살주처불부사 菩薩住處佛不思
    제32 보살주처품과 제33 불부사의법품

99. 여래십신상해품 如來十身相海品
    제34 여래십신상해품을 설했으며

100. 여래수호공덕품 如來隨好功德品

제35 여래수호광명공덕품에 이어
101. 보현행급여래출 普賢行及如來出
제36 보현행품 제37 여래출현품을 설했도다

제7회 설법은 천상계인 욕계 제6천 타화자재천에서 다시 지상으로 내려와 보리도량인 보광명전普光明殿에서 이루어집니다.

이 두 번째 보광명전 설법은 제27 십정품부터 제37 여래출현품까지 이어지는데, 설주는 부처님과 보현보살이며, 보현행품까지는 등각等覺을, 여래출현품과 제38 이세간품은 묘각妙覺에 대해 설하고 있습니다.

제27 십정품十定品 : '십정十定'은 지혜의 근본인 열 가지 삼매라는 뜻입니다. 이 품에서 보현보살은 부처님의 명을 받들어 열 가지 삼매를 설합니다.

① 모든 세간과 법을 비추어 보는 보광명삼매 普光明三昧
② 여러 세계의 갖가지 차별을 보는 묘광명삼매 妙光明三昧
③ 부처님들 국토를 차례로 찾아가는 차제변왕제불토삼매 次第遍往諸佛土三昧
④ 청정하고 깊은 마음으로 행하는 청정심심행삼매 淸淨深心行三昧
⑤ 과거 부처님과 중생의 일을 아는 지과거장엄장삼매 知過去莊嚴藏三昧

⑥ 미래의 부처님과 중생의 일을 아는 지광명삼매 ^{知光明三昧}

⑦ 부처님의 숭반하심을 보는 요지일체세계불장엄삼매 ^{了知一切世界佛莊嚴三昧}

⑧ 모든 중생과 상황을 꿰뚫어보는 중생차별신삼매 ^{衆生差別身三昧}

⑨ 법계의 모든 일을 아는 법계자재삼매 ^{法界自在三昧}

⑩ 부처님 지혜와 해탈과 청정함을 성취하는 무애륜삼매 ^{無碍輪三昧}

이 열 가지 삼매에 의해 보살은, 모든 세계에 들어가되 그 세계에 집착하지 않고, 모든 중생계에 들어가되 중생에 대해 집착하는 바가 없다고 합니다.

제28 십통품十通品 : '십통'은 열 가지 신통력입니다.

① 다른 이의 마음을 아는 타심통 ^{他心通}

② 무엇이든 볼 수 있는 천안통 ^{天眼通}

③ 전생의 일을 아는 숙명통 ^{宿命通}

④ 내생의 일을 아는 지미래통 ^{知未來通}

⑤ 모든 소리를 들을 수 있는 천이통 ^{天耳通}

⑥ 모든 세계를 마음대로 갈 수 있는 왕일체찰통 ^{往一切刹通}

⑦ 모든 말을 잘하고 잘 알아듣는 선별언사통 ^{善別言辭通}

⑧ 무수한 형상으로 몸을 나투는 무수색신통 ^{無數色身通}

⑨ 세상의 모든 이치를 아는 달일체법통 ^{達一切法通}

⑩ 모든 상과 법을 떠나 삼매에 드는 입일체멸진법삼매통^{入一切滅盡法三昧通}

    제29 십인품十忍品 : '십인'은 열 가지 신통의 의지처가 되는 지혜인 열 가지 법인法忍으로, 다음과 같습니다.

    ① 부처님의 음성을 따르는 지혜인 음성인^{音聲忍}
    ② 법에 순응하는 지혜인 순인^{順忍}
    ③ 생멸하는 법이 없음을 아는 지혜인 무생인^{無生忍}
    ④ 환영과 같음을 아는 지혜인 여환인^{如幻忍}
    ⑤ 아지랑이와 같음을 아는 지혜인 여염인^{如焰忍}
    ⑥ 꿈과 같음을 아는 지혜인 여몽인^{如夢忍}
    ⑦ 메아리와 같음을 아는 지혜인 여향인^{如響忍}
    ⑧ 허깨비와 같음을 아는 지혜인 여화인^{如化忍}
    ⑨ 그림자와 같음을 아는 지혜인 여영인^{如影忍}
    ⑩ 허공과 같음을 아는 지혜인 여공인^{如空忍}

    이 십인의 내용이 『금강경』의 다음 구절과 매우 비슷함을 알 수 있습니다.

일체의 함이 있는 유위법은   일체유위법^{一切有爲法}
꿈·환영·물거품·그림자 같으며   여몽환포영^{如夢幻泡影}

이슬과 번갯불 같나니

미망히 이와 같이 관할지니라

여 로 역 여 전
如露亦如電
응 작 여 시 관
應作如是觀

십통품과 십인품을 연결시켜 보면, 모든 것의 실상을 바로 꿰뚫어 볼 때 참다운 신통력이 생겨난다는 것을 알 수 있게 됩니다.

제30 아승지품阿僧祇品 : 『화엄경』에는 부처님께서 친히 설하신 품이 거의 없는데, 이 품은 부처님께서 친히 설하셨습니다. 부처님께서는 일백낙차一百洛叉(백 곱하기 천이 1낙차)라는 수에서부터 불가설불가설不可說不可說(말로 다할 수 없이 많음×말할 수 없이 많음)까지의 큰 수에 대해 말씀하시면서 '아승지阿僧祇'가 말할 수 없이 큰 수임을 일러주십니다.

이 경전에서 이와 같은 큰 수를 말한 까닭은 부처님의 공덕이 이 숫자보다 훨씬 더 커서 가히 설할 수 없다는 것을 깨우쳐주기 위함입니다.

제31 여래수량품如來壽量品 : 심왕보살이 여러 부처님 세계의 수명이 얼마나 되는지를 설하고 있습니다. 석가모니불이 계신 사바세계의 1겁劫이 아미타불의 극락세계에서는 하루 밤낮(1일)이라는 등, 수많은 부처님 세계의 수명

202 Ⅳ 화엄경 39품의 품명과 주제

이 서로 다름을 보여주고 있습니다.

왜 이렇게 다른가? 부처님은 수명을 넘어서 있지만, 업을 따라 다양한 세계에 살고 있는 중생의 수명과 근기에 맞추어서, 부처님마다 달리 국토를 선택하여 중생을 교화하고 있기 때문입니다. 이는 바로 몸을 자유자재로 나타내어 중생을 교화하고 있는 부처님의 진정한 대자비를 보여주고 있음입니다.

제32 보살주처품菩薩住處品 : 내용이 아주 짧은 이 품에서는, 심왕보살이 보살들의 거주처가 끝이 없음을 대중들에게 설하면서, 각 방향의 각 산에 많은 보살들이 거주하고 계심을 밝히고 있습니다.

이 중, "동북방 청량산에는 문수사리보살이 2만 대중과 함께 법을 설하고 있으며, 해중 금강산에는 법기보살이 1만 2천 대중과 함께 법을 설하고 계시며…"라는 구절이 있는데, 이는 중국과 우리나라 불자들이 깊이 신봉하고 있는 내용입니다.

동북방 청량산은 중국 오대산으로 문수보살께서 항상 머무르시는 곳이요, 해중 금강산은 우리나라 1만 2천 봉의 금강산으로 대반야를 설하는 법기보살이 항상 머물러 있다고 하여 매우 신성시하고 있는데, 이들 신앙이 80권

『화엄경』에서 비롯된 것임을 알 수 있게 합니다.

　제33 불부사의법품佛不思議法品 : 연화장보살이 부처님의 국토와 공덕은 도저히 헤아릴 수 없다는 것을 설한 품입니다. 곧 중생의 생각으로는 부처님의 경계, 부처님의 국토, 부처님의 수명, 부처님의 덕성 등을 절대로 설명할 수 없다고 합니다.

　왜? 마치 다른 차원에 있는 소·돼지 등의 축생이 인간에 대해 설명할 수 없는 것과 마찬가지라는 것입니다.

　제34 여래십신상해품如來十身相海品 : 여래에게는 세계의 티끌수만큼 거룩한 모습이 있다는 것부터 시작하여, 부처님께서 지닌 32상相 80종호種好에 대해 하나하나 설명하고 있습니다.

　제35 여래수호광명공덕품如來隨好光明功德品 : 부처님께 갖추어져 있는 잘생긴 모습의 공덕들을 부처님께서 직접 설하고 있습니다.

　제36 보현행품普賢行品 : 보현보살의 평등한 인행因行을 설하고 있습니다. '보현행普賢行'은 '온 법계에 두루한 덕으로 중생을 이롭게 하는 보편적인 행'을 가리킵니다. 이 보현행품에서는 특히 성내는 마음을 버릴 것을 강조하고 있습니다.

"불자여, 나는 어떤 법의 허물도 성내는 것보다 더 큰 것은 보지 못하였다. 만약 보살이 성내는 마음을 일으키면 백만 가지 장애의 문을 한꺼번에 이루게 되느니라."

이것이 하나의 장애가 모든 장애를 낳는다는 '일장일체장一障一切障'의 도리입니다. 특히 성을 내면 깨달음을 이루지 못하게 된다고 하면서, 성내는 것을 매우 강하게 저지하고 있습니다.

또 이 품에는 『화엄경』 특유의 다음 구절이 있습니다.

"일체세계가 한 모공 속에 들어가고 한 모공이 일체 세계에 들어간다."

"일체 중생의 몸이 하나의 몸에 들어가고 하나의 몸이 일체의 몸에 들어간다."

화엄종의 고승들은 이 도리를 밝히기 위해 크게 고심하였으며, 그 결과 법계연기法界緣起의 이론을 확립하였다고 합니다.

제37 여래출현품如來出現品 : 여래출현이란 '부처님이 나타나셨다'가 아니라, '내가 본래 여래이다', '내 안에서 여래가 출현한다'라는 뜻입니다. 내가 본래 부처로, 여래의 지혜가 이미 모든 중생에게 갖추어져 있기 때문에 밖에서 찾을 필요가 없다는 가르침을 담고 있습니다. 그래서 설합니다.

"여래께서는 청정한 지혜의 눈으로 법계의 모든 중생을 두루 관찰하고 말씀하셨다.

'기이하고 기이하도다. 중생이 여래의 지혜를 갖추고 있으면서도 어리석고 미혹하여 알지 못하고 보지를 못하는구나. 내 마땅히 성인의 도를 가르쳐서 허망한 생각과 집착을 떠나게 하고, 스스로에게 여래의 방대한 지혜가 있음을 보게 하리라.'"

그럼 어떻게 하여야 원래의 자리로 돌아가는가? 이에 대한 유명한 게송이 이 품에 수록되어 있습니다.

부처님의 경계를 알고자 한다면   약인욕식불경계
                                      若人欲識佛境界

그 뜻을 허공과 같이 맑게 하라

모든 망상과 집착을 멀리 떠나

어디에도 걸림이 없어야 하느니라

당 정 기 의 여 허 공
當淨其意如虛空

원 리 망 상 급 제 취
遠離妄想及諸趣

영 심 소 향 개 무 애
令心所向皆無碍

102. 이세간품입법계 離世間品入法界

〔제8 보광명전에서는〕 제38 이세간품 설하였고

〔제9 서다원림에서는〕 제39 입법계품 설했도다

제38 이세간품離世間品 : 제8회 보광명전 법회에서는 이
한 품만을 설하고 있습니다. 보현보살은 이 보광명전 법
회에서 불화엄삼매에 들었다가 일어나, 묘각의 경지에 대
한 법문을 설합니다.

그리고 보혜보살로부터 2백 가지 질문을 받고, 한 질문
에 10가지씩 총 2천 가지 대답을 하고 있습니다. 곧 십
신·십주·십행·십회향·십지·등각·묘각 등, 『화엄경』 52
위의 모든 지위를 포섭한 일체 보살행들을 다시 한 번 총
괄적으로 설하고 있습니다.

또한 보살들의 의지처가 무엇이며, 보살행은 어떻게 하
는가? 어떤 이가 선지식이며, 어찌하여 여래께서는 열반에
드심을 보이시는지 등을 설하고 있습니다.

이와 같이 이세간품은 모든 보살도를 총괄하면서, 이것

이 부처님의 깨달으신 경계임을 보여주고 있습니다.

　　제39 입법계품入法界品 : 이 입법계품은 『화엄경』의 마지막 품으로, 앞에서 살펴본 선재동자의 구법행각에 관한 것입니다. 선재동자가 53선지식들을 차례로 친견하면서 공부를 이루어가는 과정을 그린 멋진 여행기입니다. 이에 대해서는 상세히 살펴보았으므로 더 이야기하지 않겠습니다.

　다만 입법계품 이전의 38품은 수행의 단계에 따라 깊어지는 마음의 상태를 논하였고, 입법계품은 선재동자를 통하여 38품의 수행의 과정을 구체적으로 그려 내었다고 기억하면 합당할 것입니다.

유통분

103. 시위십만게송경 是爲十萬偈頌經

　　이들 속에 화엄경의 십만게송 갖췄으니

104. 삼십구품원만교 三十九品圓滿敎

　　삼십구품 그지없는 일승원만 교설일세

이상으로 『화엄경』의 본문은 모두 끝났습니다.

『화엄경』의 게송을 약찬게에서는 이 39품 속에 **십만게송이 갖추어져 있다**고 하였는데, 80권 『화엄경』은 4만 5천 게송으로 이루어져 있습니다. 그러나 게송 외의 글까지를 게송처럼 만들면 어찌 십만 게송만 되겠습니까?

십만 게송이라 함은 원래 십이 가득찬 수요 원만수圓滿數이므로, 『화엄경』이 모든 교설을 남김없이 다 갖추고 있다는 의미에서 '십만'이라 표현한 것입니다.

그리고 **삼십구품**으로 된 『화엄경』이 가장 원만하고 충만된 가르침이라 하여 **원만교圓滿敎**라 하고 있습니다.

곧 이『화엄경』이 가장 둥글고 큰 이치를 담고 있는 가르침이요, 밝고 어두운 것, 거짓과 참, 많고 적은 것, 다르고 같은 것 등 온갖 상대적인 것을 남김없이 포용하여 성불의 길로 이끄는, 원만하고 걸림이 없는 원융무애圓融無礙의 교설이라 하여 원만교라고 한 것입니다.

105. 풍송차경신수지 諷誦此經信受持
　　이 경전을 읽고 믿고 잘 받아서 지닐지면
106. 초발심시변정각 初發心時便正覺
　　초발심을 발한 그때 큰 정각을 이루어서
107. 안좌여시국토해 安坐如是國土海
　　연화장의 불국토에 편안하게 앉게 되니
108. 시명비로자나불 是名毘盧遮那佛
　　그를 일러 비로자나 부처라고 이름하네

이 마지막 게송은『화엄경』을 수지하여 닦아 가면 비로자나부처님과 다름이 없게 된다는 가르침을 담고 있습니다. 이를 해설하고 말을 덧붙이면 오히려 깊은 뜻이 퇴색될 수 있으므로, 저의 짧은 지식으로 풀이하지 않겠습니다.

부디 이 마지막 게송을 마음에 담아, 늘『화엄경』을 가까이하면서 **초발심시변정각**初發心時便正覺의 맑음과 밝음을 담고, 온갖 꽃으로 장엄되어 있는 연화장세계의 연꽃 위에 편안히 앉으십시오.

언제나 지금 이 자리의 연화장세계에서 평온함과 처염상정處染常淨의 맑음과 밝음을 잃지 않게 되면, **그를 일러 비로자나 부처라 이름한다**고 하였으니….

부디 스스로가 본래 비로자나임을 잊지 말기를 축원 드리면서, 「화엄경약찬게」의 풀이에 마침표를 찍습니다. 긴 여정을 함께해주셔서 감사합니다.

나무 대방광불화엄경 용수보살약찬게.

많이 찾는 기도 독송용 경전

❀

한글『법화경』과『법화경 한글사경』

불교 최고 경선인 법화경! 이 경을 독송하고 사경해 보십시오.
소원성취는 물론 깨달음과 경제적인 풍요까지 안겨줍니다.

법화경 (독송용) 김현준 역 　　　　양장본　25,000원
　　　　　　　　　　　　　무선제본　전3권　총 22,000원

법화경 한글사경 김현준 역 　　4×6배판　총 25,000원
　　　　　　　　　　　　　전5책 각권 120쪽 내외 권당 5,000원

지장경 김현준 편역 　　　　　　　　　　　4×6배판　208쪽　8,000원

이 책은 지장기도를 하는 분들을 위해 ① 지장경을 처음부터 끝까지 1번 독송,
② '나무지장보살'을 천번염송, 　③ 지장보살예찬문을 외우며 158배,
④ '지장보살'천번 염송의 4부로 나누어 특별히 만들었습니다.
지장경 독경 및 지장보살예참과 염불을 할 때, 각 장 앞에 제시된 기도법에 따라
기도를 하면, 영가천도·업장소멸·소원성취·향상된 삶을 이룩할 수 있습니다.

자비도량참법 / 김현준 역 　　　　　　　　　양장본　528쪽　25,000원

참되이 참회하시기를 원하십니까? 자비도량참법 기도를 하면 나의 허물과 죄업의
참회에서 시작하여 부모 스승 친척 등 육도 속을 윤회하는 온 법계 중생의 업장과
무명까지 모두 소멸시켜주며, 자비가 충만해지고 환희심이 넘쳐나게 됩니다.

원각경 / 김현준 편역 　　　　　　　　　4×6배판　192쪽　8,000원

한국불교의 근본 경전인 원각경을 수십 차례 번역·수정·윤문하여 쉽게 이해할 수 있도록 하
였습니다. 한글과 원문을 바로 옆에 두어 대조하며 읽을 수 있습니다.

유마경 / 김현준 역 　　　　　　　　　　4×6배판　296쪽　12,000원

보살의 병, 불도란 어떤 것인가? 깨달음의 세계로 들어가는 불이법문, 참된 불국토를 건설하는
방법 등등 매우 소중한 가르침들을 가득 담고 있는 이 경을 읽다보면 마음이 탁 트입니다.

승만경 / 김현준 편역 　　　　　　　　　4×6배판　144쪽　6,000원

여인의 성불 수기와 함께 승만부인의 서원, 정법·번뇌·법신·일승·사성제·자성청정심·여
래장사상 등을 분명히 밝힌 보배로운 경전입니다.(한글 한문 대조본)

보현행원품 / 김현준 편역 　　　　　　　　4×6배판　112쪽　5,000원

행원품과 예불대참회문을 함께 실어 독경 후 행원품에 근거한 정통 108배를 행할 수 있도록
만들었으며, 독송 방법과 대참회의 의미 등도 상세히 설명하였습니다.

밀린다왕문경 / 김현준 편역 　　　　　　　신국판　204쪽　7,000원

그리스 왕인 밀린다와 불교 승려인 나가세나가 인생과 불교에 대해 대론한 것을 정리한 경전.
윤회·업·수행·지혜·해탈 등에 대한 조리정연한 번역이 신심을 더욱 불러일으킵니다.

영험 크고 성취 빠른 각종 사경집 (책 크기 4×6배판)

광명진언 사경 (가로쓰기:1080번 사경)　　　　128쪽　5,000원
광명진언 사경 (세로쓰기:1080번 사경)　　　　128쪽　5,000원
눈으로 보고 입으로 외우고 손으로 쓰고 마음으로 새기는 광명진언 사경은 크나
큰 성취를 안겨줍니다.

금강경 한글사경 (1책으로 3번 사경)　　　　　144쪽　6,000원
금강경 한문사경 (1책으로 3번 사경)　　　　　144쪽　6,000원
금강경 한문한글사경 (1책으로 1번 사경)　　　100쪽　4,000원
요긴하고 으뜸된 경전인 금강경을 사경해 보십시오. 업장소멸과 함께 크나큰 깨
달음과 좋은 일들이 저절로 다가옵니다.

아미타경 한글사경 (1책으로 7번 사경)　　　　116쪽　5,000원
살아 생전 또는 부모나 가까운 분이 돌아가셨을 때 이 경을 쓰면 극락왕생이 참
으로 가까워집니다.

반야심경 한글사경 (1책으로 50번 사경)　　　 116쪽　5,000원
반야심경 한문사경 (1책으로 50번 사경)　　　 116쪽　5,000원
반야심경을 사경하면 호법신장이 '나'를 지켜주고, 공의 도리를 깨달아 평화롭
고 안정된 삶이 함께 합니다.

신묘장구대다라니 사경 (50번 사경)　　　　　116쪽　5,000원
대다라니를 사경하면 관세음보살님과 호법신장들이 '나'와 주위를 지켜주고 소
원성취와 동시에, 행복하고 자비심 가득한 마음을 가질 수 있도록 해줍니다.

천수경 한글사경 (1책으로 7번 사경)　　　　　112쪽　5,000원
천수경을 사경하고 독송하면 천수관음의 가피가 저절로 찾아들어, 업장 및 고난
의 소멸과 갖가지 소원을 쉽게 성취할 수 있습니다.

관음경 한글사경 (1책으로 5번 사경)　　　　　112쪽　5,000원
관음경을 사경하면 늘 행복이 함께하며, 학업성취·건강쾌유·자녀의 성공·경제
문제 등에도 영험이 매우 큽니다.

지장경 한글사경 (1책으로 1번 사경)　　　　　144쪽　6,000원
지장경을 사경하고 독송하면 영가천도는 물론이요, 각종 장애가 저절로 사라지
고 심중의 소원이 성취됩니다.

아미타불 명호사경 (1책으로 5,400번 사경)　　160쪽　6,000원
'나무아미타불'과 '아미타불'을 오회염불법에 따라 외우고 쓰는 특별한 명호사
경집입니다. 집중력을 더하여, 심중 소원 성취에 큰 도움을 줍니다.

관세음보살 명호사경 (1책으로 5천4백번 사경)
지장보살 명호사경 (1책으로 5천번 사경)　 각 권 108쪽　5,000원
'관세음보살'이나 '지장보살'의 명호를 쓰면서 입으로 외우고 마음
에 새기면, 관세음보살님과 지장보살님의 가피를 입어 몸과 마음이
큰 변화를 이루고, 마음속의 원을 능히 성취할 수 있습니다.

기도 및 영가천도의 지침서

❁

광명진언 기도법 / 일타스님·김현준　　　신국판　176쪽　6,000원
광명진언 기도를 널리 펴고자 일타스님과 김현준 원장이 함께 저술한 책. 광명진언
속에 새겨신 참의미와 바른 기도법, 빠른 기도성취법 등을 자상하게 설하고, 유형별
기도성취 영험담을 다양하게 수록하였으며, 누구나 보기 쉽도록 큰활자로 발간하
였습니다. 광명진언을 외우면 행복과 평화, 영가천도, 소원성취를 이룰 수 있습니다.

기도 / 일타스님　　　　　　　　　　신국판　240쪽　9,000원
총 6장 52편의 다양한 기도 영험담으로 엮어진 이 책을 읽다보면 기도를 통해 틀
림없이 부처님의 가피를 입을 수 있음을 확신할 수 있게 되고, 올바른 기도법과 함
께 기도성취의 지름길을 알 수 있게 됩니다.

기도성취 백팔문답 / 김현준　　　　　신국판　240쪽　9,000원
기도에 대한 정의·기도와 믿음·업장소멸의 방법·꾸준한 기도의 효험·원을 세우
는 법·축원법·각종 기도가피와 기도성취의 시기·성취를 위한 하심법下心法 등
기도에 관한 궁금증들을 문답형식으로 자상하게 풀이하였습니다.

참회와 사랑의 기도법 / 김현준　　　신국판　192쪽　7,000원
총 84가지 문답을 통하여 참회의 정의에서부터 참회기도를 해야하는 까닭, 절을
통한 참회법·염불참회법·주력참회법·가족을 향한 참회법, 기도 축원의 구체적인
내용 및 자비의 기도가 갖는 효과, '백중과 영가천도'등에 대해 아주 상세하게 설
명하고 있습니다.

참회·참회기도법 / 김현준　　　　　신국판　160쪽　6,000원
참회의 참된 의미, 절·염불을 통한 참회법, 참회인의 마음가짐, 이참법 등을 영험
담들과 함께 감동 깊게 엮은 책으로, 참회를 통해 행복하고 자유로운 삶을 사는
방법을 열어주고 있습니다.

불교의 자녀사랑 기도법 / 김현준　　신국판　160쪽　6,000원
사랑하는 자녀들을 가장 잘 사랑할 수 있는 방법을 부처님의 가르침에 의지하여
정립하고 생활화한 책입니다. 이 책의 가르침을 따라 자녀를 사랑하고 기도해보십
시오. 우리의 자녀들이 뜻하는 바 소원을 성취하고, 행복과 평화를 누릴 수 있게
될 것입니다. 부록으로 부모님께 효도하여야 하는 까닭과 방법도 수록하였습니다.

참회 / 김현준　　　　　　　　　4×6판　160쪽　5,500원
참회의 원리와 공덕, 절·염불·주력을 통한 참회법, 간단하면서도 효과가 큰 오회
참법, 자비축원의 참회, 이참법, 원효대사의 대승육정참회 등을 감동 깊게 엮은 책으
로, 참회를 통해 깨달음을 이루고 자유로운 삶과 행복하게 사는 방법 등을 일러
주고 있습니다.

법보시를 원하시는 분은 출판사로 연락 주십시오. 할인혜택을 드립니다.
전화 02-587-6612, 582-6612 팩스 02-586-9078